闭环供应链研究：信息甄别与分享

张 盼 著

中国财经出版传媒集团
经济科学出版社
Economic Science Press

图书在版编目（CIP）数据

闭环供应链研究：信息甄别与分享/张盼著.—北京：经济科学出版社，2020.7

ISBN 978-7-5218-1708-9

Ⅰ.①闭…　Ⅱ.①张…　Ⅲ.①供应链管理　Ⅳ.①F252.1

中国版本图书馆CIP数据核字（2020）第123708号

责任编辑：宋　涛

责任校对：杨　海

责任印制：李　鹏　范　艳

闭环供应链研究：信息甄别与分享

张　盼　著

经济科学出版社出版、发行　新华书店经销

社址：北京市海淀区阜成路甲28号　邮编：100142

总编部电话：010-88191217　发行部电话：010-88191522

网址：www.esp.com.cn

电子邮箱：esp@esp.com.cn

天猫网店：经济科学出版社旗舰店

网址：http://jjkxcbs.tmall.com

北京季蜂印刷有限公司印装

710×1000　16开　10.25印张　200000字

2020年9月第1版　2020年9月第1次印刷

ISBN 978-7-5218-1708-9　定价：41.00元

（图书出现印装问题，本社负责调换。电话：010-88191510）

前　言

出于回收法规、经济和社会形象的考虑，越来越多的制造商开始从事回收再制造活动。针对具体的回收活动，制造商直接回收或委托零售商回收是两种典型的回收模式。然而，这两种回收模式的闭环供应链常常会面临回收成本信息不对称和需求预测信息不对称问题。这两种信息不对称会降低闭环供应链绩效，影响废旧产品的回收再制造率，进而影响循环经济的形成和人类社会的可持续发展。因此，在回收成本信息和需求预测信息不对称下对上述两种回收模式的闭环供应链进行研究具有重要的理论和现实意义。

本书运用信息甄别和机制设计的相关理论和方法，综合考虑了政府对制造商回收活动的奖惩机制，分别在制造商直接回收和制造商委托零售商回收的闭环供应链中，针对回收成本信息不对称研究了最优激励合同设计问题，以及需求预测信息不对称下的垂直信息分享问题。具体研究内容如下。

针对回收成本信息不对称，本书首先考察了制造商依赖零售商回收且零售商的回收成本信息是不对称的闭环供应链，从制造商的角度研究了最优激励合同设计问题。具体考察两种形式的合同：一种是两部定价合同，即批发价加转移支付的形式；另一种是在两部定价合同的基础上制造商对零售商回收活动进行控制的合同（简称控制回收率合同）。分别求得了每种合同的最优形式以及相应合同下的均衡结果，进而分析了每种合同的性质以及信息不对称产生的影响，最后对两种合同进行了比较分析。研究结果表明，无论是哪一种合同，制造商通过设计与零售商成本类型相适应的合同菜单可以实现对零售商私有信息的揭露。此外，信息不对称的存在会使制造商利润减少，零售商利润增加，整个供应链利润减少。另外，相对于两部定价合同，控制回收率合同有时会产生对制造商和零售商都有利的结果。

其次，考察了制造商直接回收且回收成本信息是其私有的闭环供应链，从零售商的角度研究了最优激励合同设计问题。主要考察一个由边际收益和转移支付组成的合同，求得了该合同进行信息甄别的最优形式以及其他的均衡结果，并分析了该合同的性质以及不对称信息产生的影响。研究结果表明，零售商通过设计两部定价合同菜单可以揭露制造商的回收成本信息并实现自己的利润最大化；随着制造商回收效率的降低，零售商在设计两部定价合同菜单时，应该增加边际收益，减少转移支付的收取；回收成本信息不对称会使制造商利润增加、零售商和供应链利润减少，还会使供应链的回收率和交易机会减少。

再次，第五章在上述两种闭环供应链中借鉴政府的奖惩机制，进而在每一种闭环供应链中研究了两部定价合同的设计问题，并探讨了政府奖惩机制对最优合同设计以及其他的均衡结果的影响。研究发现，在制造商依赖零售商回收模型中，政府奖惩机制的出台会使制造商在设计合同时降低批发价、提高转移支付；在制造商直接回收模型中，政府奖惩机制的出台会使零售商提高边际收益和转移支付。此外，政府奖惩机制的出台会提高每一种闭环供应链中的回收率。当政府制定的回收标准较高而奖惩力度较小时，政府奖惩机制的出台会使供应链利润减少，否则，会使供应链利润增加。

最后，针对需求预测信息不对称，继续分析政府的奖惩机制，分别在制造商直接回收和制造商依赖零售商回收的闭环供应链中，当市场不确定且制造商和零售商都能预测需求时，研究了零售商的需求预测信息分享问题。分别求得了每一种回收模型在零售商信息分享和信息不分享时的均衡结果，以及信息分享的价值，进而探讨均衡的信息分享策略。研究发现，在两种供应链中，零售商自愿分享信息和不分享信息都可能得到均衡结果；在制造商直接回收的闭环供应链中，通过设计一个讨价还价机制可以促使零售商分享信息，从而形成均衡。

张　盼

2020 年 6 月

目　　录

第1章 绪　论

1.1 闭环供应链形成

进入21世纪，大量报废的产品，尤其是电子电器产品，给环境带来了沉重的负担，威胁着人类的健康发展。例如，在电子电器行业，据统计，2005年美国废弃的电视机、手机、个人电脑、打印件等电子产品重达200万吨，仅有15%～20%被回收再利用，其余的则是经过填埋和焚烧等方式进行处理。如国家统计局数据表明，2012年我国有2700多万台电视机、800多万台冰箱、1200多万台洗衣机和2000多万台电脑进入淘汰期（徐红，2014）。在这些报废的电子电器产品中，存在大量的化学物质，如汞、铅、镉、锂、聚溴二苯醚等。这些化学物质经过填埋和焚烧后，会污染水质、土壤和大气，破坏生态环境，进而还会影响人体的健康和社会的可持续发展。

鉴于此，世界各国从资源循环利用以及人类社会可持续发展的角度出发，纷纷颁布和实施了相关的回收政策和法规，以强制要求生产企业对废旧产品进行合理的回收和再利用。如2005年欧盟颁布实施的《废弃电子与电器产品处理条令》（WEEE），要求欧盟市场上流通的电子电气设备的生产商必须在法律上承担支付报废产品回收费用的责任，同时欧盟各成员国有义务制定自己的电子电气产品回收计划，建立相关配套回收设施，使电子电气产品的最终用户能够方便的处理报废设备。在欧盟的成员国德国，就通过了《关于防止电子产品废物产生和再利用法（草案）》。该草案规定，电子产品应设计容易维修、拆卸的产品；应建立回收系统，寻找再利用的途径；此外，电子产品生产者和分销商有回收电子产品和再利用的义务。在日本，2001 年就开始施行《特定家用电器再商品化》，明确规定电子电器产品生产商和进口商、销售商、消费者需履行的责任，电子废物回收处理由生产商或进口商承担，回收和运输则由销售商承担。在我国，2008 年通过并于 2011 年施行的《废弃电器电子产品回收处理管理条例》，对我国废弃电器电子产品的回收处理活动也进行了规范，包括在家电生产行业推行生产者延伸责任制度。

除去回收法规的强制要求，企业从经济角度考虑，对废旧产品进行回收再制造也是有利可图的。一般废旧产品中都含有有用的资源，如废旧家电中含有铁、铝、铜、铂和银等金属，通过合理的回收处理是可以创造经济价值的。另外，得益于再制造技术的发展，通过对废旧产品进行回收再制造，可以使企业的生产成本降低 40% ~65% 。例如，施乐公司从产品开发和设计开始，就考虑了回收再制造因素，使得施乐公司的产品中有 90% 的零部件是可以回收再利用的。在 1998 年施乐公司就对 1. 45 亿磅的报废产品进行了回收再利用，在 1999 年则是有 65% 的废旧产品进行了回收处理。通过对这种闭环供应链的管理，施乐公司每年可以节约 2 亿多美元（熊中楷，2014）。

此外，对废旧产品进行回收再制造还可以帮助企业塑造良好的环保形象。近些年来，随着环境问题的突出，具有环保意识的消费者也越来越多。1999 年联合国统计署的调查显示，有 80% 的荷兰人、89% 的美国人和 90% 的德国人在购买商品时，产品的环境标准是他们首先考虑的因素，而 77% 的日本人只购买有环保标志的产品；对于环保产品，85% 的瑞典人愿意为其支付较高的价格，80% 的加拿大人则愿意多支付 10%；此外，全球的绿色消费总量更是达到了 3000 亿美元。鉴于众多的绿色消费者和庞大的绿色消费市场，作为实现循环经济的一个重要途径，对废旧产品进行回收再制造有利于企业赢得绿色消费者的青睐，从而获得更多的市场份额。

鉴于政府法规的强制要求以及回收再制造活动的利益诱惑，越来越多的制造企业开始从事回收再制造。而对于制造企业而言，回收自己的废旧产品主要有两种途径。一种是将具体的回收活动委托给自己的零售商，由零售商从消费者处回收废旧产品，然后转交给制造商自己（简称制造商依赖零售商回收模式）。例如，柯达公司将其一次性相机的回收工作委托给它的大型零售商，柯达公司针对每一个回收相机会给予其大型零售商一个固定支付，以补偿其在回收过程产生的费用。对于这些回收的相关旧产品，柯达公司可以将其中的 76% 成功再制造成新的一次性相机，进而再次投向市场。还有我国家电生产企业，它们通过国美和苏宁等家电零售商将消费者手中的废旧电器通过“以旧换新”等方式回收回来。

另一种途径是制造商自己直接从消费者处回收废旧产品（简记为制造商直接回收模式）。如施乐公司为了方便消费者返还他们的废旧复印机和打印件，施乐公司会向消费者提供预付费的邮寄包裹，这样消费者不需要承担邮寄费用就可以把相关废旧产品返还给施乐公司。对于回收的废旧复印机等，施乐公司会对其进行再制造，转而再次投向市场。通过这些回收再制造活动，施乐公司成功地节约了 40% ~50% 的生产成本。除施乐公司以外，惠普公司和佳能公司等也从事了相关的经营活动（Savaskan et al.，2004）。

1.2 研究问题与意义

对于制造商依赖零售商回收模式中的零售商和制造商直接回收模式中的制造商而言，由于他们从事具体的回收活动，他们会掌握更多的与回收活动相关的信息，而闭环供应链中的另一方又很难对这些活动进行具体和准确的观测，因此，在这两种回收模式中就会存在回收成本信息不对称的情况，由此会导致逆向选择问题。根据经济学中对逆向选择问题的研究发现，信息不对称会导致“劣币驱逐良币”现象，会导致市场失灵等严重后果。类似地，在闭环供应链中，回收成本信息不对称不仅会增加搜索信息的成本，降低供应链绩效，还会导致对回收主体回收活动激励困难的后果，进而会影响到废旧产品的回收处理效果，最终会影响到循环经济的形成和人类社会的可持续发展。然而，信息甄别模型被认为是一种有效解决逆向选择问题的理论工具（张维迎，2012）。因此，在存在回收成本信息不对称的闭环供应链中，运用信息甄别模型设计激励合同是极具现实意义的。

除了面临回收成本信息不对称外，闭环供应链中的成员还面临着需求信息不对称。这是因为在现代社会，经济和商业环境经常发生改变，消费者的偏好也在不断变化，这使得及时掌握产品的市场需求信息显得格外重要。因此，越来越多的供应链成员开始利用信息技术预测市场需求（Shang，2016）。由于供应链成员使用的信息技术会不同，导致他们获取的市场预测信息也会不同，由此导致在闭环供应链中还存在着需求预测信息不对称。在闭环供应链中，需求信息不对称不仅会加重市场不确定性给供应链成员经营决策带来的困难，如生产计划与市场需求匹配困难和库存增加等，以致供应链绩效降低，还会影响到供应链成员的回收决策和再制造决策，进而会加重环境负担。然而，供应链成员间进行信息分享被认为是一种有效解决需求信息不对称的途径（Yue et al.，2006；Mishra et al.，2009）。因此，在面临需求预测信息不对称的闭环供应链中，研究需求预测信息分享问题也是极具现实意义的。

除了具有现实意义外，在回收成本信息和需求预测信息不对称的情形下，对闭环供应链进行研究还是极具理论意义的。在现实背景的推动下，越来越多的学者将研究目光投向了闭环供应链，并重点研究了闭环供应链中的再制造策略，如盖德等（Guide et al.，2003b）、韦伯斯特和米特拉（Webster and Mitra，2007）、熊中楷等（2011）和熊等（Xiong et al.，2013），以及回收渠道策略，如萨瓦斯坎（Savaskan et al.，2004）、易余胤（2009）、王文宾和达庆利（2010）、阿塔苏（Atasu et al.，2013）、吴和周（Wu and Zhou，2017）。在这些研究中，大多数学者都是假设闭环供应链中的信息是对称的。不过，也有一些学者从信息不对称的角度对闭环供应链进行了研究。例如，在成本信息不对称方面，吴忠和等（2013）从边际销售成本不对称角度研究了闭环供应链中的最优合同设计问题；魏等（Wei et al.，2015）在回收成本信息不对称时研究了供应链成员的最优定价和回收决策。但是，很少有文献在闭环供应链中，研究回收成本信息不对称时的最优激励合同设计问题。另外，在需求信息不对称方面，大多数学者都是假设只有闭环供应链中的零售商能够预测市场需求，如聂佳佳和熊中楷（2011）和聂佳佳（2013），而忽视了闭环供应链中的制造商也可以利用信息技术对不确定市场进行预测这一现实背景。此外，在研究闭环供应链时，政府的回收法规也是不能忽视的一个重要因素。然而，还没有学者在信息不对称情形下，探讨政府回收法规对闭环供应链中信息甄别合同以及信息分享策略的影响。因此，综合考虑政府的回收法规，当回收成本信息、制造商和零售商的需求预测信息是不对称时，对不同回收模式的闭环供应链进行研究，可以丰富现有的闭环供应链管理理论，因而具有重要的学术价值。

1.3 研究思路

制造商为回收自己的废旧产品，主要有两种回收渠道模式，即制造商依赖零售商回收模式和制造商直接回收模式。对于这两种回收模式，负责具体回收活动的一方常常掌握有更多的与回收活动相关的信息，因此是具有信息优势的一方，而另一方由于不能准确观测负责具体回收活动一方的回收行为，因此是具有信息劣势的一方，由此产生了闭环供应链中信息不对称问题。考虑到这一现实情况，本书从信息劣势一方的角度研究了如何设计激励合同以实现对另一方不对称回收信息的甄别。具体包括：在制造商依赖零售商回收模式中，当零售商的回收成本信息是不对称时，研究制造商的最优激励合同设计问题；在制造商直接回收模式中，当制造商的回收成本信息是不对称时，研究零售商的最优激励合同设计问题。此外，还对最优激励合同的性质以及不对称信息对闭环供应链的影响进行了探究。

鉴于废旧电子电器产品日益增多以及各国相继出台回收法规对制造商的回收活动进行规制，本书进一步考虑了政府对制造商回收活动的奖惩机制，在存在回收信息不对称的闭环供应链中研究了最优激励合同设计问题，并考察了政府奖惩机制对此种情形下最优激励合同设计的影响。

除了面临回收成本信息不对称问题外，上述两种回收模式的闭环供应链还面临着需求预测信息不对称问题。这主要是因为日益发展的信息技术为供应链成员对不确定的市场需求进行预测提供了可能，而产品的需求预测信息又是供应链成员的私有信息，不易被对方观测到。因此，本书继续考虑了政府奖惩机制的影响，并对闭环供应链成员间的需求预测信息分享问题进行了研究，当供应链成员不愿分享需求预测信息时还对促进信息分享的激励机制进行了探究。

1.4 研究内容和方法

1.4.1 主要研究内容

本书研究框架如图 1 - 1 所示。本书研究内容分为两大部分，第一部分主要从回收成本信息不对称的角度研究了闭环供应链中的最优激励合同设计问题，并考虑了政府对制造商回收活动的奖惩机制，这一部分内容包括本书的第 3 ~ 第 5 章。其中，第 3 章主要在制造商依赖零售商回收的闭环供应链中，研究当零售商的回收成本信息是不对称时制造商如何进行合同设计以实现信息甄别问题；第 4 章主要在制造商直接回收的闭环供应链中，研究当制造商的回收成本信息是不对称时零售商的最优合同设计问题；在上述两章的基础上，第 5 章考虑了政府奖惩机制，分别在上述两种闭环供应链模型中，当回收成本信息不对称时研究了最优激励合同设计问题。第二部分继续考虑了政府对制造商回收活动的奖惩机制，主要从需求预测信息不对称的角度在不同回收模式的闭环供应链中研究了信息分享问题，即本书的第 6 章。

后续章节的具体研究内容如下：第 2 章综述了与本书研究相关的文献，包括其他供应链中关于信息不对称的研究、对称信息下闭环供应链的研究和不对称信息下闭环供应链的研究。

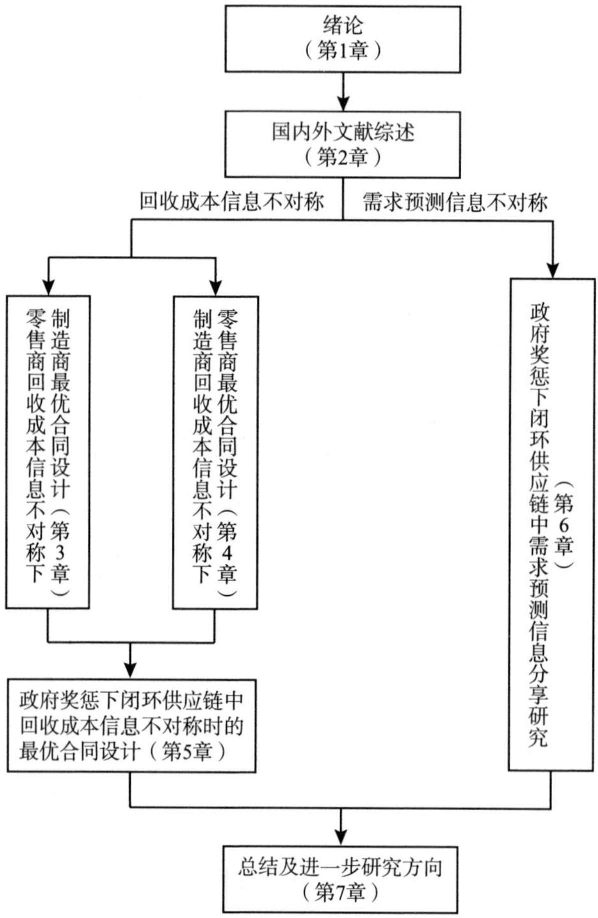

图1－1　本书研究框架

第3章主要在制造商依赖零售商回收的闭环供应链中，研究当零售商的回收成本信息是其私有信息时，制造商如何设计合同实现对零售商私有信息的揭露、对零售商回收活动的激励。本章主要考察了两种合同，一种是供应链中常用的两部定价合同，由批发价和转移支付组成；另一种是在两部定价合同的基础上制造商对零售商的回收活动进行控制的合同（简记为控制回收率合同）。本章利用委托代理理论和显示原理，分别求得了每种合同的最优形式以及相应合同下的均衡结果，并分析了每种合同下零售商回收效率对制造商合同设计以及其他均衡结果的影响，还分析了不对称的回收成本信息对每种合同下均衡结果的影响，最后对两种合同进行了比较分析。

第4章主要在制造商直接回收且零售商占主导的闭环供应链中，研究当制造商的回收成本信息是其私有信息时，零售商如何进行合同设计以实现对制造商私有信息的揭露和对制造商回收活动的激励。本章主要考察了两部定价合同，即零售商在产品销售过程中赚取边际收益并向制造商收取一个固定的转移支付。类似地，本章主要利用委托代理理论和显示原理，求得了此种情形下两部定价合同的最优形式以及相应的均衡结果，并分析了制造商回收效率对两部定价合同以及其他均衡结果的影响，还分析了不对称的回收成本信息对均衡结果的影响。

第5章则是在上述两章的研究基础上，考察了政府奖惩机制对上述两种闭环供应链中最优合同设计的影响。具体地，本章分别在上述两种闭环供应链中考虑了政府对制造商回收活动的奖惩机制，并探究了在回收成本信息不对称时两部定价合同的最优形式以及相应的均衡结果，然后探讨了政府奖惩机制对每一种模型下的两部定价合同以及其他的均衡结果的影响。

第6章分别在制造商直接回收的闭环供应链和制造商依赖零售商回收的闭环供应链中，考虑了政府的奖惩机制，假设市场需求是不确定且制造商和零售商都能利用信息技术进行预测，研究当制造商和零售商的需求预测信息是不对称时供应链成员间的信息分享问题。具体地，本章针对每一种回收模型，分别求得了制造商和零售商在信息分享和信息不分享情形下的最优决策和事前利润，分析了需求预测信息的准确性和相关性对供应链成员事前利润的影响，通过比较信息分享和不分享两种情形下的事前利润求得了信息分享对于供应链成员的价值，进而探讨了每种模型下均衡的信息分享策略，此外，在制造商直接回收的闭环供应链中还研究了促使零售商分享需求信息的讨价还价机制。

第7章阐述了本书研究的主要结论，并指出了下一步可行的研究方向。

1.4.2 研究方法

在具体的研究过程中，本书主要采用了博弈论、委托代理理论和最优控制理论等方法。其中，第3~5章主要解决的是闭环供应链中的逆向选择问题，因此，这三章中主要采用的是信息甄别模型，通过构建一个具有激励相容约束和个人理性约束的最优化问题，最后采用最优控制理论进行求解。第6章主要解决的是闭环供应链中的需求预测信息分享问题，因此，这一章主要运用的是不完全信息的动态博弈模型，通过求解其精炼贝叶斯均衡得到相应的均衡结果。此外，在设计促进信息分享的激励机制时采用了 Nash 讨价还价模型。

1.5 研究创新和贡献

制造商依赖零售商回收废旧产品进而从事再制造活动已经越来越普遍，而零售商的回收信息常常是其私有信息。大多数学者是在信息对称或是边际成本不对称情形下对这一闭环供应链进行研究的，很少有学者在闭环供应链中研究回收成本信息不对称时的信息甄别问题。针对这种不足，本书（第3章）考虑了回收成本信息不对称，在闭环供应链中从信息甄别的角度研究了最优激励合同设计问题，并在设计合同时考虑了制造商的交易终止策略，即是否需要向所有成本类型的零售商都提供激励合同。通过研究发现，相较于两部定价合同，本书提出的控制回收率合同在信息对称情形下可以协调这个闭环供应链，在信息不对称情形下可以使制造商和零售商都获得更高的利润。此外，制造商只向部分成本类型的零售商提供激励合同是最优的。

在现实中，制造商直接回收废旧产品进而对其进行再制造也是常见的商业现象，而制造商的回收信息常常不能被零售商准确观测。对于这种回收模式的闭环供应链，学者们都是在信息对称情形下对其进行研究，如易余胤（2009）、易等（Yi et al.，2016）。针对这种不足，本书（第4章）将与这类供应链相关的研究推广到信息不对称情形，并运用信息甄别模型研究了回收成本信息不对称时的激励合同设计问题，同时考虑了交易终止约束，即零售商是否需要向所有类型的制造商都提供激励合同。研究发现，零售商通过使用一个两部定价合同菜单可以实现对制造商不对称信息的揭露，并且在一个特定条件下，这个两部定价合同菜单可以协调这个存在信息不对称的闭环供应链。另外，零售商只向部分成本类型的制造商提供激励合同是最优的。

在研究闭环供应链时政府对制造商回收活动的奖惩机制是不能忽视的。已有文献都是在信息对称情形下研究政府奖惩机制对闭环供应链的影响。针对这种不足，本书（第5章）在信息不对称的闭环供应链中，研究政府奖惩机制如何影响信息甄别合同的设计以及闭环供应链的利润。研究发现，在制造商依赖零售商回收模型中，政府奖惩力度的增加会使制造商在设计合同时降低批发价、提高转移支付；在制造商直接回收模型中，政府奖惩力度的增加会使零售商在设计合同时提高边际收益、提高转移支付。此外，在两种模型中，当政府制定的回收标准较低时，政府奖惩力度的增加会使供应链利润增加；当政府制定的回收标准较高时，政府奖惩力度的增加会使供应链利润先减少后增加。

闭环供应链成员常常面临着市场需求不确定，而信息技术使得供应链成员可以预测市场需求。极少的文献在闭环供应链中研究需求预测信息分享问题，但都是假设只有零售商可以预测市场需求，如聂佳佳和熊中楷（2011）、聂佳佳（2013）。鉴于此，本书（第6章）在不同回收模式的闭环供应链中，考虑供应链成员都能预测市场需求时，研究了零售商的需求预测信息分享问题，并探讨了政府奖惩机制的影响。研究发现，在两种回收模式中，都存在着一种自愿分享信息的均衡，即零售商会自愿分享其需求预测信息。这个结论相对于之前关于信息分享的研究（Li et al.，2002；Ha et al.，2011；Li and Zhang，2015）是一个新的发现。在制造商直接回收的模型中，通过设计一个讨价还价机制可以促使零售商信息分享。另外，政府奖惩力度的大小会影响闭环供应链中均衡的信息分享策略。

第2章 国内外相关研究综述

本书是在回收成本信息和需求预测信息不对称情形下研究闭环供应链中的信息甄别合同和信息分享问题，因此，供应链中关于信息不对称的研究、对称信息和不对称信息下的闭环供应链研究都为本书的研究提供了理论基础。

2.1 关于信息不对称的研究

在闭环供应链以外的供应链中，已有较多的学者对信息不对称问题进行研究，且主要从成本信息不对称和需求信息不对称两方面对供应链进行研究。

2.1.1 关于成本信息不对称的研究

在成本信息不对称方面，学者们主要研究的是激励合同设计问题，但是考察的视角会不同，主要有三个方面：一是考察零售商的边际成本信息不对称；二是考察制造商的生产成本信息不对称；三是考察零售商的服务或努力成本信息不对称。以下从上述三个方面对存在成本信息不对称的供应链研究进行详细论述。

第一，关于零售商边际成本信息不对称的研究，哈（Ha，2001）考察了一个易逝品供应链，且其面临着价格敏感的随机需求，分别在经销商的边际成本信息是对称和不对称两种情形下，考虑到供应链成员的保留利润不小于零且为保证供应链成员都参与时，探讨了供应商的最优合同设计问题，并对最优的交易终止点进行了分析。科比特等（Corbett et al.，2004）在一个制造商和一个零售商组成的供应链中，当零售商的边际销售成本是私有信息时，考虑了供应链成员的交易终止约束，从制造商的角度设计了几个信息甄别合同，即批发价合同、两部定价合同和两部定价合同菜单，并在信息对称和不对称情形下对这三种合同下的均衡结果进行了比较分析。曹等（Cao et al.，2013）在一个双渠道供应链中，考虑到零售商的边际销售成本是不对称信息时，研究制造商如何使用一个由批发价和销售量组成的合同菜单对零售商的不对称信息进行甄别，并分析了信息不对称对均衡结果的影响。

第二，关于制造商生产成本信息不对称的研究，多数学者研究的是一个零售商占主导地位的供应链。如劳等（Lau et al.，2007）在一个零售商主导的两级供应链中，当制造商的生产成本信息是不对称时，分别在线性和等弹性需求曲线下，求得了零售商在先动和后动时的最优决策，然后分析了零售商向制造商提供数量折扣合同时的最优决策。王等（Wang et al.，2009）在一个零售商主导的两级供应链中，当制造商的生产成本信息是不对称时，在价格合同、特许经营合同、两部定价、菜单式合同四种合同形式下，分别分析了零售商的最优合同设计问题，并分析了激励制造商进行信息共享的条件及合同形式对这些条件的影响。徐晓燕和吴三平（2009）在零售商占主导的供应链中，当制造商的生产成本信息不对称时，研究了制造商的谎报行为以及谎报行为对供应链利润产生的影响。徐等（Xu et al.，2010）在由一个零售商、一个优先供应商和一个备选供应商组成的两级供应链中，当零售商需要备选供应商完成紧急订单，而备选供应商的生产成本是不对称信息时，研究了普通价格合同和合同菜单（该合同的形式是由转移支付和提前期报价构成）的最优形式，并求得了两种合同下的均衡结果，对两种合同下各供应链成员的绩效进行了比较分析。卡堪依地任（Çakanyıldırım et al.，2012）在一个由制造商和零售商组成的供应链中，研究当制造商的生产成本是不对称信息时，零售商如何设计一个由订购量和渠道利润分享比率组成的合同菜单对制造商进行信息甄别，并讨论了该合同菜单对供应链的协调效果。颜波等（2015）在一个零售商主导的混合渠道供应链中，当制造商存在谎报生产成本信息时，探讨了供应链成员的最优决策问题，并分析了制造商谎报行为对供应链的影响。

此外，也有一些学者在由制造商和供应商组成的供应链中研究生产成本信息不对称问题。如王先甲等（2015）在一个由单制造商和两个供应商组成的供应链中，考虑供应商的生产成本信息是私有和对称时，分别研究供应链成员的最优生产与定价策略，并探究了供应商分享成本信息的价值。彭鸿广和骆建文（2015）在由一个风险中性的采购方和一个风险规避的供应商组成的供应链中，分别在制造成本信息对称和不对称情形下探讨了供应链的最优成本分担激励合同设计问题。另外，王新辉等（2016）在一个制造商和一个销售商组成的供应链中，针对供应链成员各自成本信息不对称情况，研究了供应链契约机制的效率问题，并重点通过实验的方法进行了验证。

第三，关于零售商（服务）努力成本信息不对称的研究，姚等（Yao et al.，2008）在由一个供应链和两个零售商组成的供应链中，考虑零售商们可以提供价值增值服务且服务成本信息是每个零售商私有时，研究零售商们的垂直信息分享策略，即会有几个零售商向供应商分享其私有信息。穆霍帕迪亚（Mukhopadhyay et al.，2008）在一个双渠道供应链中，考虑零售商提供价值增值服务，且零售商的价值增值服务成本是不对称信息时，研究制造商在集中化情形、信息对称和不对称情形下，如何进行合同（该合同的形式是由批发价、直销价和转移支付构成）设计问题，并将集中化情形和信息不对称情形下的均衡结果进行了对比分析。穆霍帕迪亚（2009）在一个服务供应链中，当零售商提供服务的成本信息是不对称时，研究了制造商在交易终止约束下的最优合同设计问题。该文献考察了一个两部定价合同和一个有零售价、订购量和转移支付组成的合同，求得了两种合同下的均衡结果，并对两种合同进行了比较分析。谢等（Xie et al.，2014）在穆霍帕迪亚（2009）的基础上，考虑到制造商可以提高质量服务，在一个制造商和零售商都可以提供服务的供应链中，研究当零售商的增值服务成本是不对称时制造商的最优合同设计问题。

此外，徐鸿雁等（2012）在由制造商和销售商组成的供应链中，考虑销售商的销售能力和销售努力是不对称信息时，分别在单周期模型和两周期模型中，研究了制造商的最优激励合同设计问题。刘克宁和宋华明（2014）考察企业在产品研发时，当接包方（代理人）的研发努力成本信息是不对称时，发包方（委托人）如何利用一个由固定支付和收益共享系数组成的合同菜单实现对接包方私有信息的揭露。黄河等（2015）在一个供应商可以通过流程改进降低供应风险的供应链中，研究当供应商的初始可靠性和降低风险的努力是不对称信息时，制造商的采购激励合同设计问题，并探讨了信息不对称对供应链利润和信息租金的影响。肖群和马士华（2015）在一个销售商的促销努力水平影响市场需求的供应链中，当销售商的促销成本是不对称信息时，从供应商的角度研究了进行信息甄别的最优回购契约。肖群和马士华（2015）在一个供应商参与产品设计以提高产品质量的供应链中，研究当供应商提高产品质量的努力成本是私有信息时，如何通过一个纳什讨价还价机制实现供应链成员间的信息分享。

2.1.2 关于需求信息不对称的研究

在需求信息不对称方面，学者们主要研究的是信息分享问题，但是研究的前提有不同，主要在于有几个供应链成员能够预测市场需求，由此可以分为以下两类。

第一，假设只有一个供应链成员能够预测市场需求，且这类文献研究较多。如李等（Li et al.，2002）在由一个制造商与多个零售商组成的两级供应链中，当零售商进行古诺竞争且零售商拥有私有的需求或成本信息时，考虑垂直信息共享对供应链的影响，研究了可以进行垂直信息交易的条件及促进该信息交易的定价问题，并分析了垂直信息共享对供应链整体利润和社会福利的影响。哈和童（Ha and Tong，2008）在一个存在两条供应链且其零售商们进行 Cournot 竞争的模型中，考虑零售商们知道需求信息而制造商们不知道，分别在两部定价合同菜单和线性批发价合同下研究了零售商们的均衡信息分享策略。哈等（2011）在一个存在供应链竞争且制造商的生产方式是规模不经济的模型中，考虑零售商们可以预测市场需求且预测信息是其私有时，分别在零售商们进行 Cournot 竞争和 Bertrand 竞争情形下，研究了零售商们的均衡信息分享策略，并探讨了供应链内信息分享对另外一条供应链的影响。雷等（Lei et al.，2014）在由一个制造商和多个零售商构成的双渠道供应链中，当零售商间的需求信息是不对称时，在两种渠道结构下（双渠道和仅有零售渠道），分别求得了水平和垂直信息共享下的均衡解，并进一步讨论了制造商是否应该进行双渠道营销。李和张（Li and Zhang，2015）在一个两级供应链中，当上游制造商是备货型生产企业，且下游零售商的需求信息是不对称时，研究了促使零售商进行信息分享的激励合同，并对该合同下制造商的生产和定价策略进行了分析。商等（Shang et al.，2016）在由两个制造商和一个零售商组成的供应链模型中，考虑零售商可以预测市场需求且预测信息是不对称时，分别在制造商生产规模经济和不经济两种情形下，研究了供应链的均衡信息分享策略，即零售商向一个或两个制造商分享、零售商都不分享。周等（Zhou et al.，2017）在由一个集团采购组织和两个竞争制造商组成的供应链中，当制造商拥有的需求预测信息是私有时，为了激励制造商进行信息共享并使供应链达到协调状态，设计了基于预测共享的补偿契约方案。姜等（Jiang et al.，2016）在一个两级供应链中，当制造商能够获取更多的需求预测信息时，考虑了三种信息分享模式：不共享（制造商事前承诺不分享其预测），自愿共享（制造商在获取预测信息后分享）和强制共享（制造商被强制分享其预测），并对三种模式下的均衡结果进行对比，还分析了制造商和零售商对各个模式的偏好问题。黄等（Huang et al.，2017）在由一个零售商和多个供应商组成的两级供应链中，当零售商的需求预测信息不对称时，通过分析零售商不共享、部分共享、完全共享需求预测信息三种情形，剖析了信息共享对减少库存和增加利润的影响。

另外，陈金亮等（2010）在随机需求市场中，考虑零售商能够预测需求并进行更新时，研究供应商如何利用最小订货比例合同实现激励零售商共享其私有预测信息，如何设计补贴合同来实现供应链的协调运作。聂佳佳（2012）分别在单渠道供应链和双渠道供应链中研究了信息分享的对于供应链成员的价值，并探讨了制造商是否要开通直销渠道以及如何设计促进信息分享的补偿机制。丁平等（2015）在由一个供应商和一个零售商组成的供应链中，当零售商和供应商之间存在需求信息不对称时，研究供应商如何进行最小订购量决策，以取得规模效应。谢文明等（2016）在一个由供应商和分销商组成的供应链中，其中供应商需要在直销市场和分销商中进行产能分配，研究当分销商拥有需求预测方面的信息优势时，供应商如何设计合同菜单（由分配产能和产能预定支付构成）问题，并提出了产能再分配模型。

第二，假设供应链成员都能够预测市场需求，且这类文献研究较少。例如，岳和刘（Yue and Liu，2006）在一个面临市场不确定的双渠道供应链中，当制造商和零售商都能预测市场需求且需求预测信息都是私有时，研究了备货型生产和订货型生产两种生产模式下信息分享对于供应链成员的价值，并分析了制造商开辟直销渠道对供应链的影响。米什拉等（Mishra et al.，2009）在由一个制造商和一个零售商组成的供应链中，当供应链成员对不确定市场的需求预测信息是不对称信息时，类似于岳和刘（2006），米什拉等（2009）研究了备货型生产和订货型生产两种生产模式下信息分享对于供应链成员的价值，但进一步考察了一个可以促使信息分享的批发价折扣合同。库尔图卢什等（Kurtuluş et al.，2012）在一个两级供应链中，当供应商和零售商都可以通过信息分析等手段提高其需求预测的质量时，提出了两种合作模式：非协作型（二者不共享需求预测信息），协作型（二者分享各自的需求预测信息），求得了两种情形下的均衡结果，对比分析了供应链协同预测的价值。晏和裴（Yan and Pei，2015）在一个不确定的市场中，考察了两个企业可以分别获取需求信息，研究了两个企业在 Stackelberg 博弈和 Bertrand 博弈两种决策方式下信息分享的价值，并对供应链成员在两种模式下获取的利润进行了对比分析。晏等（Yan et al.，2016）在一个制造商开辟网络渠道且制造商和零售商合作进行广告营销的双渠道供应链中，当制造商和零售商都有对不确定市场的需求预测信息时，研究制造商进行合作广告的价值以及对供应链成员信息分享策略的影响。卞等（Bian et al.，2016）在一个存在两条供应链且其零售商们进行 Bertrand 竞争的模型中，考虑制造商和零售商们都可以预测市场需求且预测信息都是私有时，研究了供应链间的均衡信息分享策略，并讨论了一条供应链内信息分享与否对另一条供应链影响。

另外，陈忠和艾兴政（2008）在双渠道供应链中，研究当制造商和零售商都能预测市场需求时，制造商如何利用一个分享电子渠道收益的合同促进零售商分享其预测信息。滕文波和庄贵军（2011）在由一个厂商和一个经销商组成的供应链中，供应链成员各自可以预测市场需求，求得了厂商是否开通电子渠道和零售商是否分享预测信息组合而成的四种情形下的均衡结果，并讨论了信息分享的价值和供应链成员均衡的策略。

2.2 对称信息下闭环供应链的研究

闭环供应链通过将正向供应链和逆向供应链有机结合起来，实现对废旧产品的回收、处理和再分销，从而呈现出“生产—消费—再生产”不断循环的特征（Guide et al.，2003a）。近年来，对闭环供应链的研究已经从只关注技术的层面发展到对闭环供应链管理全方位的研究（Guide and Wassenhove，2009）。这些学术研究大多都是在信息对称情形下进行的，并且依据研究焦点主要可以分为以下三类：一是侧重于回收活动的研究；二是侧重于再制造活动的研究；三是侧重于政府回收法规的研究。

2.2.1 侧重于回收活动的研究

在这一方面，许多学者将研究目光投向了回收渠道设计方面。例如，萨瓦斯坎等（Savaskan et al.，2004）在一个制造商和一个零售商组成的闭环供应链中，研究了制造商直接回收、制造商依赖零售商回收和制造商依赖第三方回收等三种回收渠道模式下的最优决策问题，并进行了对比分析。萨瓦斯坎和瓦森霍夫（Savaskan and Wassenhove，2006）进一步考虑了零售商竞争情形，在一个制造商和两个零售商组成的闭环供应链中研究了上述三种回收渠道对比问题。聂佳佳（2011）在由一个制造商、一个强势零售商和一个弱势零售商组成的闭环供应链中，对制造商直接回收、制造商依赖零售商回收和制造商依赖第三方回收三种模型进行了研究，并对其中的最优决策进行了对比分析。阿塔苏等（2013）基于案例调查得出的不同于文献萨瓦斯坎等（2004）的回收成本函数，并在此基础上对上述三种回收渠道进行了对比分析。付小勇等（2014）构建了两条逆向供应链竞争模型，研究了每条逆向供应链中处理商回收渠道选择问题，即是选择直接回收还是委托给回收商回收。洪等（Hong et al.，2015）在三种回收模式的闭环供应链中考虑了零售商的广告行为，分别研究了三种模型下的最优决策并进行了对比分析，最后研究供应链协调策略。吴和周（Wu and Zhou，2017）从闭环供应链竞争的角度，当制造商有两种渠道选择时，即选择直接回收或者委托零售商回收，研究了供应链均衡的回收渠道结构。陈军和田大钢（2017）在一个面临随机需求的闭环供应链中，利用报童模型研究了制造商选择直接回收还是委托零售商回收问题。

还有一些学者重点探讨了逆向供应链中的最优决策问题。例如，晏妮娜和黄小原（2008）在由一个制造商、零售商和第三方回收方组成的闭环供应链中，当需求量和与回收量都是随机时，研究了闭环供应链在集中式和分散式两种情形下的最优决策问题，并从协调的角度进行了对比分析。孙浩和达庆利（2009）在一个制造商和回收商组成的逆向供应链中，从不同渠道权力结构（具体包括制造商是领导者、零售商是领导者和制造商与零售商的议价能力相同三种情形）的角度研究了逆向供应链成员的最优决策问题，并进行了对比分析。曹柬等（2012）在一个需求和回收都是随机的逆向供应链中，研究供应链成员在不同激励机制下的最优决策问题，并进行了对比分析。赵晓敏等（2012）在由一个供应商和一个制造商组成的闭环供应链中，其中制造商从事回收再制造活动，对不同渠道权力结构下的闭环供应链进行了研究，并对其中的最优决策进行了对比分析。魏和赵（Wei and Zhao，2015）考察了一条传统供应链与一条从事再制造运作的供应链进行竞争时，研究了不同渠道权力结构下供应链的定价和再制造策略。游等（Yoo et al.，2015）考察了一个回收价格影响产品需求和产品回收量的闭环供应链，分别研究了三种合同下供应链的定价和回收决策问题。萨哈等（Saha et al.，2016）在一个双渠道闭环供应链中，分别研究了三种回收模式下协调策略。马等（Ma et al.，2016）在由一个制造商、一个零售商和两个回收商组成的闭环供应链中，研究了不同决策主体进行合作时供应链成员的最优决策，并对均衡结果进行了对比分析。

2.2.2 侧重于再制造活动的研究

一些学者从竞争的角度对再制造活动进行了研究，如迪博等（Debo et al.，2005）在一个消费者对新产品和再制造品具有不同支付意愿的市场中，研究了从事再制造的制造商的产品定价和生产技术决策问题。费雷尔和斯瓦米纳坦（Ferrer and Swaminathan，2006）构建两周期和多周期决策模型，对垄断环境下和双寡头竞争环境下企业的再制造运作策略进行了研究。弗格森和托克泰（Ferguson and Toktay，2006）在垄断环境下和存在再制造商入侵情形下，研究了制造商的回收再制造策略。阿塔苏等（2008）研究了绿色消费者、与原始设备制造商的竞争以及产品生命周期对再制造系统利润的影响。

更多的学者从供应链的角度对闭环供应链进行了研究。在国外研究文献方面，吴（Wu，2012）考察了一个由传统制造商、从事再制造的制造商和零售商组成的闭环供应链，其中制造商进行价格和服务竞争，研究了供应链成员的均衡策略。周等（2013）在一个由供应商和制造商组成的闭环供应链中，其中制造商同时进行再制造和新产品制造活动，研究了制造商对新产品制造活动和再制造活动是应当采取集中式控制还是分散式控制。熊等（2013）考察了一个闭环供应链，其中包括一个关键零部件供应商和一个从事再制造的制造商，探讨了供应商和制造商之间的策略互动对再制造的经济绩效和环境绩效产生的影响。何（He，2015）在一个由废旧部件供应商、新部件供应商和从事再制造的制造商组成的闭环供应链中，当回收率和市场需求是随机时，研究了供应链成员的最优决策问题。吴和周（2016）探讨了第三方再制造商的进入对原始设备生产商的影响，研究发现原始设备生产商可以从中获益，并且多个第三方再制造商进入可能会更好。熊等（2016）分别研究了制造商从事再制造和供应商从事制造商的闭环供应链模型，并从供应商、制造商和消费者的角度对两种模型进行了对比分析。乔万尼等（Giovanni et al.，2016）考察了一个制造商和零售商在产品再利用项目上进行投资的闭环供应链，从动态博弈的角度利用激励机制研究了协调问题。韩等（Han et al.，2017）在一个面临再制造成本发生扰动的闭环供应链中研究了回收渠道选择、生产和协调策略。

在国内研究文献方面，易余胤（2009）在由一个制造商和两个零售商组成的闭环供应链中，讨论了不同渠道权力结构下供应链成员的最优决策，并分析了不同渠道权力结构对供应链成员最优决策的影响。熊中楷等（2011）首次对经销商从事再制造的闭环供应链进行了研究，并与经销商未从事再制造、制造商从事再制造等模式进行了对比分析。熊中楷等（2011）首次研究了制造商在生产新产品的同时还帮助再制造商销售再制造品的供应链模式，并与制造商和再制造商竞争情形进行了对比分析。熊中楷等（2011）在一个由制造商、零售商和第三方再制造商组成的闭环供应链中，考虑从事再制造需要经过制造商专利许可时，研究了闭环供应链的协调机制。申成然和熊中楷

（2014）建立了碳排放约束制造商两周期生产模型，讨论了强制减排政策和碳排放权交易政策下的制造商最优决策问题，并比较了两类碳排放政策下制造商再制造决策的差异。申成然等（2015）考虑了知识产权保护，分别研究了制造商同时从事新产品和再制造品生产与制造商许可第三方从事再制造两种闭环供应链模型，并进行了对比分析。聂佳佳等（2015）在一个制造商依赖零售商回收的闭环供应链中，探讨了碳排放约束对闭环供应链最优决策的影响。李新然等（2015）一个再制造品和新产品有差异的闭环供应链中，当再制造品和新产品的生产成本发生扰动时，研究了供应链的协调策略。

2.2.3 侧重于政府回收法规的研究

也有一些学者在上述研究的基础上，考虑了政府相关法规的影响。其中大部分学者考察了政府对回收活动的奖惩机制，如王文宾和达庆利（2008）考虑了一个垄断的制造商，研究其不从事回收再制造、在有和无政府奖惩机制下从事回收再制造三种情形下的最优决策，并进行了对比分析。王文宾等（2009）在一个由制造商和回收商组成的逆向供应链中，研究了不同回收激励机制下制造商和回收商的最优决策问题。类似地，王文宾和达庆利（2010）在一个由制造商和回收商组成的逆向供应链中，在有和无奖惩机制等情形下研究了制造商的回收再制造决策，并分析了政府奖惩机制对产品定价、废旧产品回收率及供应链成员利润的影响。王文宾和达庆利（2013）考察了两个竞争的制造商，分别研究了有无奖惩机制和一个或是两个制造商从事回收再制造组合成的四种模型，并重点探讨了政府奖惩机制对制造商回收决策的影响。李新然等（2014）在制造商依赖零售商回收的闭环供应链中，考虑政府对零售商回收活动的奖惩机制，研究不同渠道权力结构下闭环供应链的最优决策问题，并进行了对比分析。余福茂和徐玉军

(2014) 在一个零售商占主导且制造商直接回收的闭环供应链中，主要研究了有无政府奖惩机制下供应链成员最优决策问题，以及奖惩机制对供应链成员最优决策和利润的影响。王文宾和邓雯雯（2016）在制造商和回收商组成的逆向供应链中，分别研究了政府奖惩机制和税收—补贴机制下供应链成员的最优决策问题，并对两种机制进行了对比分析。

也有一些学者考察了政府强制回收和政府补贴等回收法规，例如，韦伯斯特和米特拉（2007）在一个制造商和再制造商竞争的模型中，利用两周期博弈模型研究了不同回收法规对制造商和再制造商定价及利润的影响。雅各布斯和苏拉曼尼亚（Jacobs and Subramanian，2012）研究了政府强制回收再利用法规对闭环供应链经济和环境方面的影响，并进一步分析了供应链成员分享回收责任对闭环供应链经济和环境方面的影响。马等（2013）在由制造商、传统零售商和网络零售商组成的闭环供应链中，研究了有无政府的消费补贴时供应链成员的最优决策，并分析了政府的消费补贴对销售量、供应链成员利润和消费者剩余的影响。申成然等（2013）在制造商许可第三方再制造商从事再制造的闭环供应链中，对比分析了政府对制造商或再制造商进行补贴下的闭环供应链决策模型。李新然和吴义彪（2015）在一个双渠道闭环供应链中，探讨了政府对消费者的“以旧换再”补贴政策对供应链成员最优决策及利润的影响。马祖军等（2016）构建了一个由政府、制造商、零售商、第三方回收方和处理方参与的博弈模型，并对各方的最优决策进行了求解分析。

2.3　信息不对称下闭环供应链的研究

已有一些学者在研究闭环供应链时考虑信息不对称因素，其中主要包括成本信息不对称和需求信息不对称。

2.3.1 成本信息不对称情形

学者们主要从边际成本信息不对称和回收成本信息不对称两个方面对闭环供应链进行研究。在运营成本信息不对称方面，顾巧论和陈秋双（2007）在一个逆向供应链中，考虑回收商的运营成本是不对称时，研究制造商的最优激励合同设计问题。马飞等（2009）在一个零售商的边际成本是不对称信息的闭环供应链中研究了制造商的最优激励合同设计问题，该合同由批发价、回收转移价格和补贴组成。吴忠和等（2013）在面临随机性市场需求且零售商的边际成本是不对称的闭环供应链中，从供应链协调的角度，分别在正常情况和突发情况下探讨了制造商最优回购契约设计问题。

在回收成本信息不对称方面，韩小花和薛声家（2008）在闭环供应链中，当零售商回收的固定投资参数是对称和不对称信息时，研究了供应链的合作机制，并对两种情形下的合作机制进行了比较分析。李等（2014）在一个由制造商和回收商组成的逆向供应链中，当回收商的回收成本信息是不对称时，分别在有无生产者延伸责任制度两种情形下，研究追求成本最小化的制造商如何进行激励合同设计以实现对回收商私有信息的揭露，并分析了生产者延伸责任制度对逆向供应链产生的影响。魏等（2015）在制造商依赖零售商回收的闭环供应链中，分别在回收成本信息对称和不对称情形下，研究制造商作为领导者和零售商作为领导者时供应链成员的最优决策。

此外，曹柬等（2013）以生产者延伸责任制度为背景，构建了政府与制造商的博弈模型，研究当制造商的再制造率和努力程度为不对称信息时政府的最优契约设计问题。

2.3.2　需求信息不对称情形

一些学者主要从需求信息不确定的角度，利用报童模型对闭环供应链的最优决策进行研究：凯岑贝格等（Ketzenberg et al.，2006）在一个面临需求、产品回收和产品再制造不确定的闭环供应链中，从降低库存成本和缺货成本的角度，分别在单周期和多周期模型中研究了信息的价值。张克勇和周国华（2009）在制造商依赖零售商回收的闭环供应链中，考虑市场不确定时，利用报童模型对该闭环供应链在集中化决策和分散化决策下的均衡结果进行了求解，并借助算例分析了新产品生产成本对回收价、零售价和供应链成员期望利润的影响。易余胤和陈月霄（2010）在一个具有竞争零售商的闭环供应链中，当市场需求不确定时，分别研究了制造商依赖零售商回收、制造商直接回收和制造商依赖第三方回收三种模型，并通过算例的方式分析了回收成本和新增回收率对每种回收模式下供应链成员最优决策和供应链成员利润的影响。

也有少数学者从需求信息不对称的角度对闭环供应链中的信息分享问题进行了研究。如聂佳佳和熊中楷（2011）在一个制造商依赖第三方回收的闭环供应链中，考虑仅有零售商可以预测市场需求时，研究了零售商与制造商和第三方分享预测信息的价值，并对几种信息分享模式进行了对比分析。聂佳佳（2013）分别在制造商依赖零售商回收、制造商直接回收和制造商依赖第三方回收的闭环供应链中，考虑仅有零售商可以预测市场需求时，研究了零售商分享预测信息对于供应链成员的价值，并对几种回收模式进行了对比分析。

2.4 文献简评

通过对之前相关文献的梳理可以发现，在其他供应链中关于信息不对称的研究和在信息对称下对闭环供应链的研究已有很多，而在信息不对称下对闭环供应链的研究却很少。

具体地，一些学者在其他供应链中关于成本信息不对称的研究，为本书的研究提供了很好的参考依据。特别地，本书在设计激励合同时，沿用了哈（2001）、科比特等（2004）和穆霍帕迪亚等（2009）文献中考虑的交易终止策略，即委托人需要考虑是否有必要向所有类型的代理人都提供激励合同。此外，大多数学者都是在信息对称情形下对不同回收模式的闭环供应链进行研究，如萨瓦斯坎等（2004）、萨瓦斯坎和瓦森霍夫（2006）和阿塔苏等（2013），这些文献为本书在信息不对称情形下对不同回收模式的闭环供应链进行研究提供了很好的理论基础。虽然已有一些学者在闭环供应链中考虑了成本信息不对称因素，如顾巧论和陈秋双（2007）、马飞等（2009）和吴忠和等（2013），但是他们考察的是代理人的边际成本信息不对称，不同于本书考察的回收成本信息不对称。在回收成本信息不对称方面，个别学者［魏等（Wei et al.，2015）］主要从最优决策对闭环供应链进行研究，而本书主要从信息甄别的角度研究最优激励合同设计问题。对于这一点，李等（2014）的研究与本书最相关，但是他们仅考虑逆向供应链而没有考虑正向供应链，忽略了产品的市场需求以及企业的定价决策。

另外，一些学者在其他供应链中关于需求信息不对称的研究，也为本书的研究提供了很好的参考依据。特别地，本书在考察需求预测时，沿用了文献中岳和刘（2006）、米什拉等（2009）和卞等（2016）的一个重要假设，即供应链成员都能预测市场需求。这使得本书的研究区别于聂佳佳和熊中楷（2011）、聂佳佳等（2013）的研究，因为他们只考虑零售商可以预测市场需求，而忽略了制造商也可以利用信息技术对市场需求进行预测。此外，聂佳佳和熊中楷（2011）、聂佳佳（2013）在闭环供应链中研究需求预测信息分享时还未考虑政府奖惩机制的影响。论文中，一些学者在闭环供应链中考虑了需求信息不确定问题（易余胤和陈月霄，2010；Ketzenberg et al.，2006），但是并未考虑供应链成员能够预测需求信息以致引起信息不对称问题。

综上所述，在回收成本信息和需求预测信息不对称下对闭环供应链中的激励合同设计以及信息分享问题的研究都很少。因此，本书综合考虑政府奖惩机制的影响，通过对上述问题的研究，可以进一步丰富闭环供应链管理理论。

第3章 零售商回收成本信息不对称模型

3.1 引言

随着可持续发展的理念被世界各国接受及不断提倡，对废旧产品进行回收再制造被广泛认为是一种有效实现人类可持续发展的途径。对废旧产品进行回收再制造：(1) 可以花费较小的成本延长产品的使用寿命（成本通常不到原来的50%），从而创造经济价值；(2) 可以节约资源和能源、减少污染，从而创造环境价值；(3) 可以创造大量的就业岗位、帮助企业提升品牌形象，从而创造社会价值。正是在经济、环境和社会三方面利益的驱使下，越来越多的制造企业开始从事回收再制造活动，如卡特皮勒、IBM、大众和施乐。

针对具体的回收活动，一些手机和照相机制造商常常将其委托给其经销商，由其经销商帮忙负责回收其废旧产品，例如绪论中讲到的柯达公司。对于这些制造商依赖零售商回收的闭环供应链，零售商的回收活动常常是其私有信息，制造商通常很难对其进行准确观测。由此会导致回收成本信息不对称，而这会给闭环供应链带来诸如交易成本增加，供应链效率降低和供应链利润分配困难等严重后果。鉴于此，在这种回收类型的闭环供应链中探讨回收成本信息不对称时的激励合同设计问题就是一个具有现实意义的问题。

本章旨在制造商依赖零售商回收的闭环供应链中，当零售商的回收成本信息是不对称时，重点探讨以下问题：制造商如何设计合同，从而实现对零售商的信息甄别和激励？制造商在设计合同时是否有必要向所有成本类型的零售商都提供信息甄别合同？两部定价合同是一种供应链中常用的合同，对供应链成员来说，是否存在一种比两部定价合同更优的合同？另外，本章还分析了不同合同在信息不对称情形下的性质以及信息不对称产生的影响。

关于信息不对称条件下激励合同设计的研究比较多。与本章紧密相关的文献有：哈（2001）在一个易逝品供应链中研究当经销商的边际成本是不对称信息时，考虑了供应商交易终止策略，探讨了追求利润最大化的供应商如何设计合同问题；科比特等（2004）在一个制造商和一个零售商组成的供应链中，当零售商的边际销售成本是私有信息且制造商只知道其服从一个分布函数时，从制造商的角度设计了几个合同并进行了比较分析；穆霍帕迪亚等（2009）在一个服务供应链中，当零售商的服务成本信息是不对称时，考虑制造商交易终止策略，研究了制造商的最优合同设计问题；谢等（2014）在一个制造商和零售商都可以提供增值服务的供应链中，当零售商的增值服务成本是不对称信息时，研究制造商的最优机制设计问题；曹柬等（2013）在绿色供应链中研究供应商的原材料绿色度是不对称信息时，制造商如何设计不同激励合同实现信息甄别和对供应商的激励。然而，这类文献在研究信息不对称时并未涉及到企业的回收再制造活动，而闭环供应链作为一种广泛存在实践中的可持续供应链模式，其中的信息不对称问题是值得探究的。因此，本章在上述文献的基础上，将研究对象拓展到闭环供应链中。

已有一些学者开始在闭环供应链中研究信息不对称时的合同设计

问题。如吴忠和等（2013）在一个零售商的销售成本信息是非对称的闭环供应链中，研究其在正常状态和突发状态下回购契约协调问题；李等（2014）在一个由制造商和回收商组成逆向供应链中，当回收商的回收成本信息是隐匿时，从成本最小化的角度研究有无 EPR 法规两种情形下制造商的激励合同设计问题；魏等（2015）在制造商依赖零售商回收的闭环供应链中，分别在回收成本信息对称和不对称情形下，研究了不同渠道权力结构下供应链成员的最优定价和回收决策。本章与吴忠和等（2013）的主要区别是本章考虑的是回收成本信息不对称；与李等（2014）的主要区别在于本章考虑的是一个整合正向供应链和逆向供应链的闭环供应链，研究信息甄别合同时考虑了供应链成员的定价决策、且从利润最大化的角度出发；与魏等（2015）的重要区别在于本章研究的主要目的是通过设计合同实现对不对称信息的甄别。

3.2 模型描述和假设

参考萨瓦斯坎等（2004）与萨瓦斯坎和瓦森霍夫（2006）的研究，本章考虑一个制造商依赖零售商回收废旧产品的闭环供应链，如图 3 - 1 所示。在正向供应链中，制造商委托零售商销售其生产的产品给消费者。在这一过程中，制造商可以用新的原材料生产新产品，也可以把回收的废旧产品再制造成新产品。其中，用新的原材料进行生产时的单位生产成本用 c_m 表示，通过对废旧产品进行再制造的单位生产成本用 c_r 表示。制造商以批发价 w 将产品卖给零售商，零售商以销售价格 p 卖给消费者，市场需求函数 $D(p) = \phi - \beta p$，其中 $\phi(\phi > \beta c_m)$ 代表市场潜在需求，β 代表需求对价格的敏感性。在这一过程中，由于再制造技术的高度发达，再制造品常常和新产品没有差别，因此我们假设消费者认为再制造品和新产品是一样的，即有相同的支付意愿。此外，相比于以新的原材料进行生产，制造商以回收的原材料生产产品常常可以节约生产成本，因此我们假设 $c_m > c_r$。令 $\Delta = c_m - c_r$，即 $\Delta > 0$。

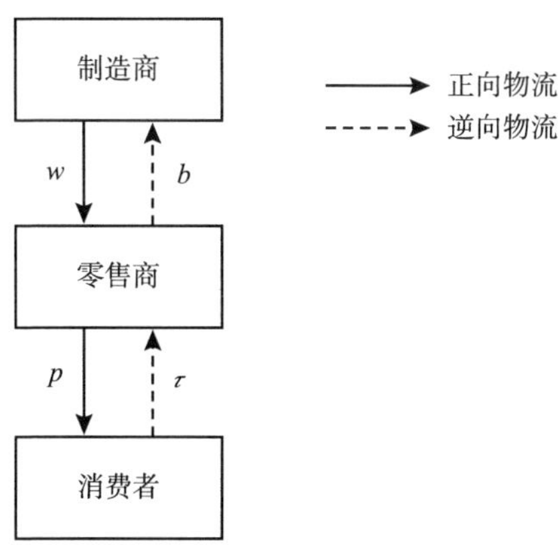

图3-1　制造商依赖零售商回收的闭环供应链

在逆向供应链中，零售商负责回收旧产品并进行处理，然后将之交给制造商。在这一过程中，零售商决定旧产品的回收率，用 $\tau(0 \leqslant \tau \leqslant 1)$ 表示。相应地，零售商付出回收处理成本，用 $\theta\tau^2$ 来表示，其中，θ 是回收成本系数，反映零售商回收效率。θ 越大（越小），表示对于一个给定的回收率，零售商需要付出的成本越高（越低），因此回收效率就越低（越高）。对于零售商回收的原材料，制造商给予一个固定赎回价格，用 b 表示。需注意的是，τ 也可以理解为制造商投放市场中的产品里面再制造产品所占的比率；此外，为保证制造商进行回收再制造是有经济价值的，作假设 $b < \Delta$。经过前面的描述，制造商的平均生产成本可以写成 $c = (1-\tau)c_m + \tau c_r$，即 $c = c_m - \tau\Delta$。本章主要研究单周期闭环供应链模型。在本章中，除了回收成本信息，其他信息都是

公开的、对称的。因此，下面主要对不对称的回收成本信息进行描述。

在本章中，零售商负责回收旧产品，因此，回收成本信息是其私有信息，制造商无法观测其准确信息，但是，制造商可以利用信息技术对零售商的回收成本信息进行预测。因此参考穆霍帕迪亚等（2009），本章假设零售商的回收成本系数 θ 是不对称的，但是制造商知道回收成本系数 θ 在区间 $[\underline{\theta}, \bar{\theta}]$ 的先验分布函数 $F(\theta)$ 和连续概率密度函数 $f(\theta)$。制造商的目标是通过设计合同来揭示零售商的真实成本信息，进而实现自己的利润最大化。本章主要探讨两种合同菜单：一是一种供应链中常用的合同，即针对零售商订购量 q 的两部定价合同菜单 $\{w(q), L(q)\}$，其中 $L(q)$ 为制造商针对零售商的订购量向零售商收取的转移支付；二是在两部定价合同菜单基础上对零售商的回收率进行控制的合同菜单 $\{w(q), \tau(q), L(q)\}$，其中 $\tau(q)$ 为制造商针对零售商的订购量要求零售商完成的回收率，简记为控制回收率合同菜单（3.4 节中描述了提出这种合同的合理性）。由于零售商的订购量反映了其回收成本信息，因此上述两种合同菜单可以分别改写为 $\{w(\theta), L(\theta)\}$ 和 $\{w(\theta), \tau(\theta), L(\theta)\}$。假设制造商和零售商的保留利润分别为 $\prod_{\bar{M}}$ 和 $\prod_{\bar{R}}$，且 $\prod_{\bar{M}}$ 和 $\prod_{\bar{R}}$ 都不小于零（区别于大多数相关文献假设供应链成员的保留利润等于零）。因此，零售商签订任一合同的前提条件是可以获得高于 $\prod_{\bar{R}}$ 的利润。对于制造商而言，提供任一合同的前提条件是可以获得高于 $\prod_{\bar{M}}$ 的利润，否则就不会向零售商提供信息甄别合同，这意味着供应链成员间就不会发生交易。这种策略简称制造商的交易终止策略，而制造商开始停止提供合同的临界点间称为交易终止点。

制造商与零售商的博弈顺序如下：制造商首先向零售商提供一个合同菜单，$\{w(\theta), L(\theta)\}$ 或 $\{w(\theta), \tau(\theta), L(\theta)\}$；零售商根据自己的真实回收成本信息 θ 宣告一个成本信息 $\hat{\theta}$，相应地，合同中的具体参数也就选定了，即零售商选择了合同 $\{w(\hat{\theta}), L(\hat{\theta})\}$ 或 $\{w(\hat{\theta}),$

$\tau(\hat{\theta})$，$L(\hat{\theta})\}$。其次，零售商在合同 $\{w(\hat{\theta})$，$L(\hat{\theta})\}$ 下决定产品零售价格和回收率或在合同 $\{w(\hat{\theta})$，$\tau(\hat{\theta})$，$L(\hat{\theta})\}$ 下决定产品零售价格。最后，制造商向零售商交付订单满足市场需求，制造商和零售商获得相应的利润。运用逆向归纳法求解该模型可以得到各个阶段的最优决策及利润。

本章依次分析每种合同菜单在不对称情形下的设计问题，并对合同菜单的性质进行了分析。为了探究信息的价值，本章还分析每种合同在信息对称情形下设计问题，以作为参照对比。本章的均衡结果用上标 R 表示。

3.3　两部定价合同

首先，本节分析该闭环供应链的集中化决策模型，作为一个基准模型。因为集中化决策可以得到最优的供应链利润和相应的决策。通过上一节对模型的描述和假设，可知集中化决策下的最优化问题为：

$$\max_{p,\tau}\prod{}_C=(\phi-\beta p)(p-c_m+\tau\Delta)-\theta\tau^2$$

为保证集中化决策下供应链利润 $\prod_C$ 是关于 p 和 τ 联合凹函数，需要假设 $\theta>\beta\Delta^2/4$。联立求解 $\prod_C$ 关于 p 和 τ 的一阶偏导数可以得到相应的最优解，即：

$$p^{R*}=\frac{(2\theta-\beta\Delta^2)\phi+2\beta\theta c_m}{\beta(4\theta-\beta\Delta^2)},\ \tau^{R*}=\frac{\Delta(\phi-\beta c_m)}{4\theta-\beta\Delta^2}$$

为保证回收率符合实际，即 $0\leqslant\tau^{R*}\leqslant1$，需进一步假设 $\theta\geqslant(\Delta(\phi-\beta c_m)+\beta\Delta^2)/4$。进而，可以求得集中化供应链的利润 $\prod_C^{R*}=\frac{\theta(\phi-\beta c_m)^2}{\beta(4\theta-\beta\Delta^2)}$。

在信息对称、分散式决策的闭环供应链模型中（简记为情形 $F1$），给定制造商提供的合同 $\{w, L\}$，零售商最优化他的利润 $\prod_{R,F1}$，可以得到他的最优反应函数 p_{F1}^{R*} 和 τ_{F1}^{R*}。此时制造商的目标是通过运用合同 $\{w, L\}$ 最大化整个供应链的利润，然后通过转移支付 L 的方式保证零售商获得等于其保留利润的收益 $\prod_{\bar{R}}$，进而，制造商可以获得最大的利润分配。因此，制造商的最优化问题为：

$$M_{F1}: \max_{w,L} \prod_{C,F1} = (\phi - \beta p_{F1}^{R*})(p_{F1}^{R*} - c_m + \Delta \tau_{F1}^{R*}) - \theta(\tau_{F1}^{R*})^2$$

$$\text{s. t.} \quad (p_{F1}^{R*}, \tau_{F1}^{R*}) = \arg \max_{p,\tau} \prod_{R,F1}$$

$$\prod_{R,F1} = (\phi - \beta p)(p - w + b\tau) - \theta \tau^2 - L \geqslant \prod_{\bar{R}}$$

首先定义下面一组关系：$x \perp [l, u]: = \max\{l, \min\{x, u\}\}$。通过求解问题 M_{F1}，可以得到引理 3.1。

引理 3.1 在情形 $F1$ 下，(1) 制造商提供的最优合同如下：

$$w_{F1}^{R*} = \frac{2b(b-\Delta)\phi + (4\theta - b^2\beta)c_m}{b^2\beta - 2b\beta\Delta + 4\theta}, \quad L_{F1}^{R*} = \frac{\theta(4\theta - b^2\beta)(\phi - \beta c_m)^2}{\beta(b^2\beta - 2b\beta\Delta + 4\theta)} - \prod_{\bar{R}}$$

交易终止点 $\alpha_{F1}^{R*} = \alpha_1 \perp [\underline{\theta}, \bar{\theta}]$，其中

$$\alpha_1 = \frac{b\beta^2(2\Delta - b)(\prod_{\bar{M}} + \prod_{\bar{R}})}{4\beta(\prod_{\bar{M}} + \prod_{\bar{R}}) - (\phi - \beta c_m)^2}$$

(2) 零售商的最优决策如下：

$$p_{F1}^{R*} = \frac{(b^2\beta - 2b\beta\Delta + 2\theta)\phi + 2\beta\theta c_m}{\beta(b^2\beta - 2b\beta\Delta + 4\theta)}, \quad \tau_{F1}^{R*} = \frac{b(\phi - \beta c_m)}{b^2\beta - 2b\beta\Delta + 4\theta}$$

(3) 整个供应链利润、零售商利润和制造商利润分别如下：

$$\prod_{C,F1}^{R*} = \frac{\theta(\phi - \beta c_m)^2}{\beta(b^2\beta - 2b\beta\Delta + 4\theta)}, \quad \prod_{R,F1}^{R*} = \prod_{\bar{R}}, \quad \prod_{M,F1}^{R*} = \prod_{C,F1}^{R*} - \prod_{\bar{R}}$$

证明：因为 $\prod_{R,F1}$ 是关于 p 和 τ 的联合凹函数，通过联立求解 $\prod_{R,F1}$ 关于 p 和 τ 的一阶偏导数可以得到相应的最优反应函数

$$p_{F1}^{R*} = (2w\beta\theta - b^2\beta\phi + 2\theta\phi)/\beta(4\theta - b^2\beta), \quad \tau_{F1}^{R*} = b(\phi - w\beta)/(4\theta - b^2\beta)$$

给定 p_{F1}^{R*} 和 τ_{F1}^{R*}，为保证 $\prod_{C,F1}$ 是关于 w 的凹函数，需要假设 $b^2\beta - 2b\beta\Delta + 4\theta > 0$。通过求解 $\prod_{C,F1}$ 的一阶条件可得 w_{F1}^{R*}。再将 w_{F1}^{R*} 代入到

p_{F1}^{R*}和τ_{F1}^{R*}中化简可得零售商的最优决策，进而可得供应链利润$\prod_{C,F1}^{R*}$。为保证零售商参与，令$\prod_{R,F1}^{R*}=\prod_{\bar{R}}$可得$L_{F1}^{R*}=\prod_{C,F1}^{R*}-\prod_{\bar{R}}$，进而可得制造商利润。

显然，制造商提供该合同的前提是$\prod_{\bar{M}}\leqslant\prod_{C,F1}^{R*}-\prod_{\bar{R}}$，即$\theta\leqslant\alpha_1$。因为$\theta$是定义在区间［$\underline{\theta}$，$\bar{\theta}$］上，因此交易终止点$\alpha_{F1}^{R*}=\alpha_1\perp$［$\underline{\theta}$，$\bar{\theta}$］。证毕。

引理3.1说明，尽管信息是对称的，但是两部定价合同不能协调这个闭环供应链，因为$\prod_{C}^{R*}-\prod_{C,F1}^{R*}>0$。此外，分散式决策下的回收率小于集中式决策下的回收率，因为$\tau_{F1}^{R*}<\tau^{R*}\leqslant1$。

接下来研究在信息不对称条件下，制造商的最优合同菜单设计问题（简记为情形A1）。在这种情形下，针对每一种成本类型θ的零售商，制造商提供相应的合同菜单$\{w(\theta)，L(\theta)\}$。接下来，假设真实成本信息是θ的零售商告知制造商自己的成本信息$\hat{\theta}$，进而零售商选择了合同$\{w(\hat{\theta})，L(\hat{\theta})\}$。当合同选定后，零售商的最优问题是

$$\max_{p,\tau}\prod_{R,A1}=(\phi-\beta p)(p-w(\hat{\theta})+b\tau)-\theta\tau^2-L(\hat{\theta})$$

通过联立$\prod_{R,A1}$的两个一阶条件求解可得：

$$p_{A1}^{R*}=(2w(\hat{\theta})\beta\theta-b^2\beta\phi+2\theta\phi)/(4\theta\beta-b^2\beta^2)$$

$$\tau_{A1}^{R*}=b(\phi-w(\hat{\theta})\beta)/(4\theta-b^2\beta)$$

再将p_{A1}^{R*}和τ_{A1}^{R*}代入到$\prod_{R,A1}$，可知零售商的利润完全取决于他公开的成本信息，即$\hat{\theta}$，因此他的最优化问题转化为R_{A1}：

$$R_{A1}:\ \max_{\hat{\theta}}\prod_{R,A1}(\theta,\hat{\theta})=(\phi-\beta p_{A1}^{R*})(p_{A1}^{R*}-w(\hat{\theta})+b\tau_{A1}^{R*})-\theta\tau_{A1}^{R*2}-L(\hat{\theta})$$

根据显示原理（Fudenberg and Tirole，1991），为了保证零售商报告其真实的成本信息，制造商在设计合同时应该使得零售商的利润$\prod_{R,A1}(\theta,\hat{\theta})$在$\hat{\theta}=\theta$处取最大值。因此，通过求解$\partial\prod_{R,A1}(\theta,\hat{\theta})/\partial\hat{\theta}=0$并令$\hat{\theta}=\theta$，可以得到零售商的激励相容约束（IC）：

$$L'(\theta)=-\frac{2\theta(\phi-\beta w(\theta))w'(\theta)}{4\theta-b^2\beta}$$

进一步，参考穆霍帕迪亚等（2009）可知，为保证显示原理有效，$\prod_{R,A1}(\theta,\hat{\theta})$ 的局部二阶条件需满足：

$$\frac{\partial^2 \prod_{R,A1}(\theta,\hat{\theta})}{\partial\hat{\theta}\partial\theta}=\frac{2b^2\beta(\phi-\beta w(\hat{\theta}))w'(\hat{\theta})}{(b^2\beta-4\theta)^2}\geqslant 0$$

上述条件等价于 $\dot{w}(\theta)\geqslant 0$，意味着制造商在设计合同菜单时应保证批发价随着 θ 的增加而增加。

给定上述激励相容约束，制造商的目标是设计合同菜单，在保证揭露零售商真实成本信息条件下实现自己的利润最大化，因此她的最优化问题描述如下：

$$M_{A1}:\max_{w(\theta),L(\theta)}\int_{\underline{\theta}}^{\alpha_{A1}}\prod_M(\theta)f(\theta)d\theta+\int_{\alpha_{A1}}^{\bar{\theta}}\prod_{\bar{M}}f(\theta)d\theta \tag{3.1}$$

$$\text{s. t.}\quad \text{IC}:\ \dot{L}(\theta)=-\frac{2\theta(\phi-\beta w(\theta))}{4\theta-b^2\beta}\dot{w}(\theta) \tag{3.2}$$

$$\text{IR}:\ \prod_R(\theta)=(p-w(\theta)+b\tau)q(\theta)-\theta\tau^2-L(\theta)\geqslant\prod_{\bar{R}} \tag{3.3}$$

$$\prod_M(\theta)=(w(\theta)-c_m+\Delta\tau-b\tau)q(\theta)+L(\theta) \tag{3.4}$$

对最优化问题 M_{A1} 的具体描述如下：式（3.2）是激励相容约束，以保证零售商真实报告其回收成本信息；式（3.3）是零售商的个人理性约束，以保证零售商参与；式（3.4）是制造商在信息对称情形下的利润函数；式（3.1）是制造商的目标函数，由于 θ 是制造商未知的，所以需要对其利润函数求期望。式（3.1）中的 α_{A1} 代表可变终止点，在这一点，$\prod_M(\alpha_{A1})=\prod_{\bar{M}}$，又由于 $\prod_M(\theta)$ 是关于 θ 的单调递减函数（命题 3.2 中会有证明），因此，在区间 $\underline{\theta}\leqslant\theta\leqslant\alpha_{A1}$，$\prod_M(\theta)\geqslant\prod_{\bar{M}}$，制造商的期望利润是式（3.1）的第一部分，在区间 $\alpha_{A1}<\theta\leqslant\bar{\theta}$，$\prod_M(\theta)=\prod_{\bar{M}}$，制造商的期望利润是式（3.1）的第二部分。

参考穆霍帕迪亚等（2009）和卡门和施瓦兹（Kamien and Schwartz，2012），运用可变终止点和带残值的最优控制理论求解最优化问题

M_{A1}，可得命题3.1。另令 $z(\theta)=F(\theta)/f(\theta)$，且假设 $z(\theta)$ 是关于 θ 的增函数。

命题3.1　在 $A1$ 情形中，当 $\theta(8(\Delta-b)\theta+(4b\theta-b^3\beta)z'(\theta)-b(8\theta-b^2\beta)z(\theta)>0$ 时，(1) 制造商的最优合同菜单如下：

$$w_{A1}^{R*}=\frac{b^2z(\theta)\phi+\theta(2b(b-\Delta)\phi+(4\theta-b^2\beta)c_m)}{\theta(b^2\beta-2b\beta\Delta+4\theta)+b^2\beta z(\theta)}\text{，}L_{A1}^{R*}\text{满足下面等式}$$

$$\frac{\partial L_{A1}^{R*}}{\partial\theta}=\frac{-2\theta^2(\phi-\beta c_m)}{\theta(b^2\beta-2b\beta\Delta+4\theta)+b^2\beta z(\theta)}\frac{\partial w_{A1}^{R*}}{\partial\theta}\text{，且}$$

$$L(\alpha_{A1}^{R*})=\prod_{\bar{M}}-\frac{b\alpha_{A1}^{R*2}(\phi-\beta c_m)^2(2\alpha_{A1}^{R*}(b-\Delta)+bz(\alpha_{A1}^{R*}))}{(4\alpha_{A1}^{R*2}+\beta b^2z(\alpha_{A1}^{R*})+\beta b\alpha_{A1}^{R*}(b-2\Delta))^2}$$

交易终止点 $\alpha_{A1}^{R*}=\alpha\perp[\underline{\theta},\ \bar{\theta}]$，其中 α 是下列方程的解

$$\prod_{\bar{M}}+\prod_{\bar{R}}=\frac{\alpha^2(\phi-\beta c_m)^2}{\beta(4\alpha^2+\beta b^2\alpha+\beta b^2z(\alpha)-2\beta b\Delta\alpha)}$$

(2) 零售商的最优决策如下：

$$p_{A1}^{R*}=\frac{2\beta\theta^2c_m+\phi(\theta(b^2\beta-2b\beta\Delta+2\theta)+b^2\beta z(\theta))}{\beta(\theta(b^2\beta-2b\beta\Delta+4\theta)+b^2\beta z(\theta))}$$

$$\tau_{A1}^{R*}=\frac{b\theta(\phi-\beta c_m)}{\theta(b^2\beta-2b\beta\Delta+4\theta)+b^2\beta z(\theta)}$$

(3) 制造商和零售商的利润如下：

$$\prod_{M,A1}^{R*}=\frac{2b\theta^2(\phi-\beta c_m)^2((b-\Delta)\theta+bz(\theta))}{(\theta(b^2\beta-2b\beta\Delta+4\theta)+b^2\beta z(\theta))^2}+L_{A1}^{R*}$$

$$\prod_{R,A1}^{R*}=\frac{\theta^3(4\theta-b^2\beta)(\phi-\beta c_m)^2}{\beta(\theta(b^2\beta-2b\beta\Delta+4\theta)+b^2\beta z(\theta))^2}-L_{A1}^{R*}$$

证明：制造商的最优化问题可以改写为如下形式：

$$\max_{w(\theta),L(\theta),\alpha_{A1}}\int_{\underline{\theta}}^{\alpha_{A1}}g_0(\theta)d\theta+\Theta(\alpha_{A1})$$

$$\text{s. t.}\quad \dot{L}(\theta)=g_1(\theta)$$

$$\dot{w}(\theta)=g_2(\theta)$$

其中，

$$g_0(\theta):=L(\theta)f(\theta)+\frac{2\theta(\phi-\beta w(\theta))(b(\Delta-b)\phi+(b^2\beta-4\theta)c_m+(4\theta-b\beta\Delta)w(\theta))}{(b^2\beta-4\theta)^2}f(\theta)$$

$$g_1(\theta):=-\frac{2\theta(\phi-\beta w(\theta))}{4\theta-b^2\beta}u_1$$

$$g_2(\theta):=u_1$$

$$\Theta(\alpha_{A1}):=\prod_{\bar{M}}(1-F(\alpha_{A1}))$$

该问题的协状态方程为：

$$\dot{\lambda}_1=-\left(\frac{\partial g_0(\theta)}{\partial L(\theta)}+\lambda_1\frac{\partial g_1(\theta)}{\partial L(\theta)}+\lambda_2\frac{\partial g_2(\theta)}{\partial L(\theta)}\right)=-f(\theta) \tag{3.5}$$

$$\begin{aligned}\dot{\lambda}_2&=-\left(\frac{\partial g_0(\theta)}{\partial w(\theta)}+\lambda_1\frac{\partial g_1(\theta)}{\partial w(\theta)}+\lambda_2\frac{\partial g_2(\theta)}{\partial w(\theta)}\right)\\&=\frac{2\theta((-b^2\beta+2b\beta\Delta-4\theta)\phi+\beta(b^2\beta-4\theta)c_m-2\beta(b\beta\Delta-4\theta)w(\theta))f(\theta)}{(b^2\beta-4\theta)^2}\\&\quad+\frac{2\beta\theta u_1\lambda_1}{b^2\beta-4\theta}\end{aligned} \tag{3.6}$$

该问题的最优化一阶条件为：

$$\frac{\partial g_0(\theta)}{u_1}+\lambda_1\frac{\partial g_1(\theta)}{u_1}+\lambda_2\frac{\partial g_2(\theta)}{u_1}=0 \tag{3.7}$$

由式（3.5）可以得到 $\lambda_1=-F(\theta)$。此外，由式（3.7）可以得到：

$$\lambda_2=\frac{2\theta(\phi-\beta w(\theta))}{4\theta-b^2\beta}(-F(\theta)) \tag{3.8}$$

联立式（3.6）和式（3.8）可以得到 w_{A1}^{R*}。

由于制造商和零售商的利润 $\prod_M(\theta)$ 和 $\prod_R(\theta)$ 都是 θ 的单调减函数（在下面会进行验证），因此，如果在 $\theta=\alpha_{A1}$ 处制造商和零售商的个人理性约束得到满足的话，那么当 $\underline{\theta}\leqslant\theta\leqslant\alpha_{A1}$ 时，制造商和零售商

的个人理性约束也会得到满足。令

$$K(\alpha_{A1}):=\prod_{R}(\alpha_{A1})-\prod_{\bar{R}}=-\frac{\alpha_{A1}(\phi-\beta w(\alpha_{A1}))^2}{\beta(b^2\beta-4\alpha_{A1})}-L(\alpha_{A1})-\prod_{\bar{R}}\geqslant 0$$

横截条件需要存在一个 t_1 使得

$$\lambda_1(\alpha_{A1})=\frac{\partial\Theta(\alpha_{A1})}{\partial L(\alpha_{A1})}+t_1\frac{\partial K(\alpha_{A1})}{\partial L(\alpha_{A1})}=-t_1 \tag{3.9}$$

$$\lambda_2(\alpha_{A1})=\frac{\partial\Theta(\alpha_{A1})}{\partial w(\alpha_{A1})}+t_1\frac{\partial K(\alpha_{A1})}{\partial w(\alpha_{A1})}=\frac{2t_1\alpha_{A1}(\phi-\beta w(\alpha_{A1}))}{b^2\beta-4\alpha_{A1}} \tag{3.10}$$

$$\begin{aligned}&g_0(\alpha_{A1})+\lambda_1(\alpha_{A1})g_1(\alpha_{A1})+\lambda_2(\alpha_{A1})g_2(\alpha_{A1})\\&-\prod_{\bar{M}}f(\alpha_{A1})+t_1\frac{\partial K(\alpha_{A1})}{\partial\alpha_{A1}}=0\end{aligned} \tag{3.11}$$

其中，$t_1\geqslant 0$，$K(\alpha_{A1})\geqslant 0$，$t_1K(\alpha_{A1})=0$。

由式（3.9）可以得到 $t_1=F(\alpha_{A1})$。再将 w_{A1}^{R*} 代入到式（3.11）化简可以得到

$$\begin{aligned}&\frac{b\alpha_{A1}^2(\beta c_m-\phi)^2(2b\alpha_{A1}+bz(\alpha_{A1})-2\Delta\alpha_{A1})F(\alpha_{A1})}{(4\alpha_{A1}^2+\beta b^2\alpha_{A1}+\beta b^2z(\alpha_{A1})-2\beta b\Delta\alpha_{A1})^2}\\&+(L(\alpha_{A1})-\prod_{\bar{M}})F(\alpha_{A1})=0\end{aligned} \tag{3.12}$$

由于假设 $z(\theta)$ 是关于 θ 的增函数，因此当 $\underline{\theta}<\alpha_{A1}<\bar{\theta}$ 时，$F(\alpha_{A1})>0$。进一步化简式（3.12）可以得到：

$$L(\alpha_{A1})=\prod_{\bar{M}}-\frac{b\alpha_{A1}^2(\phi-\beta c_m)^2(2\alpha_{A1}(b-\Delta)+bz(\alpha_{A1}))}{(4\alpha_{A1}^2+\beta b^2z(\alpha_{A1})+\beta b\alpha_{A1}(b-2\Delta))^2} \tag{3.13}$$

因为 $F(\theta)$ 在区间 $[\underline{\theta},\ \bar{\theta}]$ 上是一个单调不减函数，因此 $t_1>0$。又因为 $t_1K(\alpha_{A1})=0$，所以 $K(\alpha_{A1})=0$。联立式（3.13）与 $K(\alpha_{A1})=0$ 可以得到：

$$\prod_{\bar{M}}+\prod_{\bar{R}}=\frac{\alpha_{A1}^2(\phi-\beta c_m)^2}{\beta(4\alpha_{A1}^2+\beta b^2\alpha_{A1}+\beta b^2z(\alpha_{A1})-2\beta b\Delta\alpha_{A1})}$$

又因为 $\underline{\theta}<\alpha_{A1}<\bar{\theta}$，因此，$\alpha_{A1}^{R*}=\alpha_{A1}\perp[\underline{\theta},\ \bar{\theta}]$。

为保证显示原理有效，需要 $\dot{w}\geqslant 0$，即 $\theta(8(\Delta-b)\theta+(4b\theta-b^3\beta)$

$z'(\theta)-b(8\theta-b^2\beta)z(\theta))>0$。证毕。

进一步分析零售商回收效率对两部定价合同菜单及其他均衡结果的影响，可得命题 3.2。

命题 3.2 当 $\theta\in[\underline{\theta},\alpha_{A1}^{R*}]$ 时，（1）随着 θ 的增加，两部定价合同菜单中的转移支付 L_{A1}^{R*} 不断减少，批发价 w_{A1}^{R*} 不断增加；零售价 p_{A1}^{R*} 不断增加，回收率 τ_{A1}^{R*} 不断减少。（2）随着 θ 的增加，制造商和零售商的利润都在减少。

证明：（1）因为 $\dot{w}_{A1}^{R*}\geqslant 0$ 和 $p_{A1}^{R*}=\dfrac{2w_{A1}^{R*}\beta\theta-b^2\beta\phi+2\theta\phi}{(4\theta\beta-b^2\beta^2)}$，

所以可以得到 $$\frac{\partial p_{A1}^{R*}}{\partial\theta}=\frac{2\theta(b^2(\phi-\beta c_m)+(\theta(b^2\beta+4\theta-2b\beta\Delta)+b^2\beta z(\theta))\dot{w}_{A1}^{R*})}{(4\theta-b^2\beta)(\theta(b^2\beta+4\theta-2b\beta\Delta)+b^2\beta z(\theta))}\geqslant 0。$$

同样的，可以证明 $\dot{L}_{A1}^{R*}\leqslant 0$ 和 $\dot{\tau}_{A1}^{R*}\leqslant 0$。

（2）首先将 $\prod_{M,A1}$ 和 $\prod_{R,A1}$ 化简成为关于 w 和的关系式，可得：

$$\prod\nolimits_{R,A1}=(p-w+b\tau)(\phi-\beta p)-\theta\tau^2-L=\frac{\theta(\phi-\beta w)^2}{\beta(4\theta-b^2\beta)}-L$$

$$\begin{aligned}\prod\nolimits_{M,A1}&=(w-c_m+\Delta\tau-b\tau)(\phi-\beta p)+L\\&=\frac{2\theta(\phi-\beta w)(b(\Delta-b)\phi+(b^2\beta-4\theta)c_m+(4\theta-b\beta\Delta)w)}{(b^2\beta-4\theta)^2}+L\end{aligned}$$

因为 $\dot{w}>0$，$\Delta>b$ 和 $\theta\geqslant(\Delta(\phi-\beta c_m)+\beta\Delta^2)/4$，所以可以得到：

$$\begin{aligned}\frac{\partial\prod_{M,A1}}{\partial\theta}=&\frac{-2b^2\beta\theta z(\phi-\beta c_m)\dot{w}}{(4\theta-b^2\beta)(\theta(b^2\beta-2b\beta\Delta+4\theta)+b^2\beta z)}\\&-\frac{2b\theta(\phi-\beta c_m)^2((\Delta-b)(4\theta-b^2\beta)\theta+b^3\beta z)}{(4\theta-b^2\beta)(\theta(b^2\beta-2b\beta\Delta+4\theta)+b^2\beta z)^2}<0\end{aligned}$$

$\dfrac{\partial\prod_{R,A1}}{\partial\theta}=-\dfrac{b^2(\phi-\beta\dot{w})^2}{(b^2\beta-4\theta)^2}<0$，证毕。

命题 3.2 揭示了为了保证零售商报告真实的成本信息，随着零售商回收效率的减少（即 θ 的增加），制造商应该减少对零售商转移支付的收取但要提高批发价，进而导致零售商提高批发价、降低回收率，而这又加重了供应链中双边际效应，使得供应链成员的收益减少。此外，当零售商的回收效率较低时，即 θ 较大时，两部定价合同菜单中的转移支付可能为负，因为 L_{A1}^{R*} 是 θ 的减函数且 $L(\alpha_{A1}^{R*})$ 可能为负，这说明当零售商为回收活动需要付出较高成本时，制造商可能会向零售商提供补贴。

比较引理3.1和命题3.1，可以得到信息不对称对供应链成员最优决策的影响以及信息的价值，见命题3.3。

命题3.3　由于不对称的回收成本信息的存在，导致：

（1）制造商提高批发价（即 $w_{F1}^{R*}<w_{A1}^{R*}$），零售商提高零售价（即 $p_{F1}^{R*}<p_{A1}^{R*}$）并降低回收率（即 $\tau_{F1}^{R*}>\tau_{A1}^{R*}$）。

（2）整个闭环供应链的利润减少，即 $\prod_{C,F1}^{R*}>\prod_{C,A1}^{R*}$，制造商的利润减少，即 $\prod_{M,F1}^{R*}>\prod_{M,A1}^{R*}$，零售商的利润增加，即 $\prod_{R,F1}^{R*}<\prod_{R,A1}^{R*}$。

（3）制造商和零售商之间的交易机会减少，即 $\alpha_{F1}^{R*}>\alpha_{A1}^{R*}$。

证明：（1）因为 $$w_{F1}^{R*}-w_{A1}^{R*}=-\frac{b^2(4\theta-b^2\beta)(\phi-\beta c_m)z(\theta)}{\theta(b^2\beta-2b\beta\Delta+4\theta)^2+b^2\beta(b^2\beta-2b\beta\Delta+4\theta)z(\theta)}<0,$$

所以 $w_{F1}^{R*}<w_{A1}^{R*}$；因为 $p_{F1}^{R*}-p_{A1}^{R*}=\dfrac{2\theta(w_{F1}^{R*}-w_{A1}^{R*})}{4\theta-b^2\beta}<0$，所以 $p_{F1}^{R*}<p_{A1}^{R*}$。

因为 $\tau_{F1}^{R*}-\tau_{A1}^{R*}=\dfrac{b\beta(w_{A1}^{R*}-w_{F1}^{R*})}{4\theta-b^2\beta}>0$，所以 $\tau_{A1}^{R*}<\tau_{F1}^{R*}<1$。

（2）由 $$\prod_{C,F1}^{R*}-\prod_{C,A1}^{R*}=\frac{b^4\beta\theta(\phi-\beta c_m)^2z(\theta)^2}{(b^2\beta-2b\beta\Delta+4\theta)(\theta(b^2\beta-2b\beta\Delta+4\theta)+b^2\beta z(\theta))^2}>0,$$

所以 $\prod_{C,F1}^{R*}>\prod_{C,A1}^{R*}$。在信息对称情形下，零售商的利润是 $\prod_{\bar{R}}$，但是在信息不对称情形下，零售商的利润是 θ 的单调递减函数，且在 $\theta=\alpha_{A1}^{R*}$ 处获得保留利润，因此当 $\underline{\theta}<\theta<\alpha_{A1}^{R*}$ 时，零售商的利润大于 $\prod_{\bar{R}}$，即

$\prod_{R,F1}^{R*}=\prod_{\bar{R}}<\prod_{R,A1}^{R*}$。对于制造商的利润变化，由$\prod_{M,A1}^{R*}=\prod_{C,A1}^{R*}-\prod_{R,A1}^{R*}<\prod_{C,F1}^{R*}-\prod_{R,A1}^{R*}<\prod_{C,F1}^{R*}-\prod_{R,F1}^{R*}=\prod_{M,F1}^{R*}$，即$\prod_{M,F1}^{R*}>\prod_{M,A1}^{R*}$。

（3）相比于信息对称情形，在信息不对称情形下制造商获得的利润较少，因此制造商提供激励合同的机会减少，制造商和零售商之间的交易机会也因此而减少。证毕。

命题3.3表明，在信息不对称条件下，两部定价合同更加不能协调这个闭环供应链，因为不对称的回收成本信息加重了双边际效应。具体地，制造商由于不知道零售商的回收成本信息，因此会设定一个较高的批发价，转而，零售商会提高零售价。此外，不对称信息会使零售商减少废旧产品的回收比例，增加了废旧产品对环境的破坏作用。命题3.3还表明，零售商可以从私有信息中获益，而制造商的利润因为不对称信息而减少，整个闭环供应链的利润也减少。此外，在信息不对称情形下，制造商由于利润减少只会向更少类型的零售商提供激励合同，因此，制造商和零售商之间的交易机会也会因为信息不对称而减少。这进一步说明，制造商只向部分成本类型的零售商提供信息甄别合同是最优的。

3.4 控制回收率合同

3.3节主要分析了制造商通过两部定价合同揭示零售商私有的回收成本信息，这一节主要研究控制回收率合同。原因是控制回收率合同一方面可以帮助制造商获得更多的废旧产品原材料，从而获得更多的经济利益；另一方面可以提高整个供应链可持续性，进而满足政府对企业的环保要求。此外，根据前面的分析，可以知道无论是信息对称还是不对称，两部定价合同都不能协调这个零售商负责回收的闭环供应链。因此，本节尝试是否控制回收率合同可以实现协调。类似的，德西拉茹和莫西（Desiraju and Moorthy，1997）与穆霍帕迪亚等（2009）在设计激励合同时也考虑过制造商对零售商的决策进行控制。

首先，分析信息对称情形下的控制回收率合同 $\{w, \tau, L\}$（简记为情形 $F2$）。根据基准模型中的集中式决策的最优解，在控制回收率合同下，为实现供应链协调，制造商可以直接把回收率 τ 设定为集中化下的最优回收率，即令 $\tau_{F2}^{R*}=\tau^{R*}$。其次，通过设计批发价以促使零售商的零售价等于集中化下的最优零售价，由此可以得到 w_{F2}^{R*}。最后，制造商通过设计转移支付，以使零售商获得其保留利润，进而使自己获得最大的利润。引理 3.2 归纳了相关的结论。

引理 3.2 在 $F2$ 情形下，(1) 制造商的最优合同如下：

$$w_{F2}^{R*}=\frac{\Delta(b-\Delta)\phi+(4\theta-b\beta\Delta)c_m}{4\theta-\beta\Delta^2},\ \tau_{F2}^{R*}=\tau^{R*},\ L_{F2}^{R*}=\prod_C^{R*}-\prod_{\bar{R}}$$

交易终止点 $\alpha_{F2}^{R*}=\alpha_2\perp[\underline{\theta},\ \bar{\theta}]$，其中 $\alpha_2=\dfrac{\beta^2\Delta^2(\prod_{\bar{M}}+\prod_{\bar{R}})}{4\beta(\prod_{\bar{M}}+\prod_{\bar{R}})-(\phi-\beta c_m)^2}$。

(2) 零售商的最优零售价 $p_{F2}^{R*}=p^{R*}$。

(3) 供应链成员的最优利润如下：$\prod_{C,F2}^{R*}=\prod_C^{R*}$，$\prod_{M,F2}^{R*}=\prod_C^{R*}-\prod_{\bar{R}}$，$\prod_{R,F2}^{R*}=\prod_{\bar{R}}$。

引理 3.2 表明，控制回收率合同可以协调这个信息对称情形下的闭环供应链。因此，在信息对称情形下，控制回收率合同要优于两部定价合同。

接下来分析不对称信息情形下的合同设计问题（简记为情形 $A2$）。在这种情形下，制造商首先向零售商提供一个合同菜单 $\{w(\theta),\tau(\theta),L(\theta)\}$。接下来，真实成本信息是 θ 的零售商告知制造商自己的成本信息为 $\hat{\theta}$，进而零售商选择了合同 $\{w(\hat{\theta}),\tau(\hat{\theta}),L(\hat{\theta})\}$。当合同选定后，零售商的最优问题是：

$$\max_p \prod_{R,A2} = (\phi - \beta p)(p - w(\hat{\theta}) + b\tau(\hat{\theta})) - \theta\tau(\hat{\theta})^2 - L(\hat{\theta}) \tag{3.14}$$

通过求解式（3.14）的一阶条件可得

$$p_{A2}^{R*} = \frac{w(\hat{\theta})\beta - b\beta\tau(\hat{\theta}) + \phi}{2\beta}$$

再将 p_{A2}^{R*} 代入到 $\prod_{R,A2}$，化简可得零售商的利润函数：

$$\prod_{R,A2}(\theta, \hat{\theta}) = \frac{\phi^2 + \beta^2 w(\hat{\theta})^2 + 2b\beta\phi\tau(\hat{\theta}) + \beta(b^2\beta - 4\theta)\tau(\hat{\theta})^2 - 2\beta w(\hat{\theta})(\phi + b\beta\tau(\hat{\theta}))}{4\beta} - L(\hat{\theta}) \tag{3.15}$$

从式（3.15）可以看出，零售商的利润 $\prod_{R,A2}$ 依赖于他报告的成本信息 $\hat{\theta}$。因此，为了保证零售商报告其真实的成本信息，制造商在设计合同菜单时应保证零售商的利润 $\prod_{R,A2}(\theta, \hat{\theta})$ 在 $\hat{\theta} = \theta$ 处取最大值。因此，通过求解 $\partial\prod_{R,A2}(\theta, \hat{\theta})/\partial\hat{\theta} = 0$ 并令 $\hat{\theta} = \theta$，可以得到零售商的激励相容约束（IC）：

$$L'(\theta) = \frac{1}{2}(-\phi + \beta w(\theta) - b\beta\tau(\theta))w'(\theta) + \frac{1}{2}(b\phi - b\beta w(\theta) + b^2\beta\tau(\theta) - 4\theta\tau(\theta))\tau'(\theta)$$

进一步，参考穆霍帕迪亚等（2009）可知，为保证显示原理有效，$\prod_{R,A2}(\theta, \hat{\theta})$ 的局部二阶条件需满足：

$$\frac{\partial^2 \prod_{R,A2}(\theta, \hat{\theta})}{\partial\hat{\theta}\partial\theta} = -2\tau(\hat{\theta})\tau'(\hat{\theta}) \geqslant 0$$

上述条件等价于 $\tau'(\theta) \leqslant 0$，意味着制造商在设计合同菜单时应保证回收率随着零售商回收效率的减少（即 θ 的增加）而减少。

给定上述激励相容约束，制造商的目标是设计合同菜单，在保证揭露零售商真实成本信息条件下实现自己的利润最大化，因此她的最优化问题如下：

$$M_{A2}: \max_{w(\theta),\tau(\theta),L(\theta)} \int_{\underline{\theta}}^{\alpha_{A2}} \prod_M(\theta) f(\theta)\, d\theta + \int_{\alpha_{A2}}^{\bar{\theta}} \prod_{\bar{M}} f(\theta)\, d\theta \quad (3.16)$$

s. t.　IC：
$$L'(\theta) = \frac{1}{2}(\beta w(\theta) - \phi - b\beta\tau(\theta))w'(\theta) + \frac{1}{2}(b\phi - b\beta w(\theta) + b^2\beta\tau(\theta) - 4\theta\tau(\theta))\tau'(\theta) \quad (3.17)$$

$$IR: \prod_R(\theta) = (p - w(\theta) + b\tau(\theta))q(\theta) - \theta\tau^2 - L(\theta) \geqslant \prod_{\bar{R}} \quad (3.18)$$

$$\prod_M(\theta) = (w(\theta) - c_m + \Delta\tau - b\tau(\theta))q(\theta) + L(\theta) \quad (3.19)$$

对最优化问题 M_{A2} 的具体描述如下：式（3.17）是激励相容约束，以保证零售商真实报告其回收成本信息；式（3.18）是零售商的个人理性约束，以保证零售商参与；式（3.19）是制造商在信息对称情形下的利润函数；式（3.16）是制造商在信息不对称情形下的目标函数，因为 θ 是制造商未知的，所以需要对其利润函数求期望。式（3.16）中的 α_{A2} 代表可变终止点，在这一点，$\prod_M(\alpha_{A2}) = \prod_{\bar{M}}$，又由于 $\prod_M(\theta)$ 是关于 θ 的单调递减函数（在下面会有证明），因此，在区间 $\underline{\theta} \leqslant \theta \leqslant \alpha_{A2}$，制造商的利润函数是式（3.16）的左部分，在区间 $\alpha_{A2} < \theta \leqslant \bar{\theta}$，制造商只获得其保留利润 $\prod_{\bar{M}}$，因此利润函数是式（3.16）的右部分。

参考穆霍帕迪亚等（2008）、卡门和施瓦兹（2012），运用可变终止点和带残值的最优控制理论求解最优化问题 M_{A2}，可得命题 3.4。

命题 3.4　在 A2 情形中，（1）制造商的最优合同菜单如下：

$$w_{A2}^{R*} = \frac{4z(\theta)c_m + (\Delta(b-\Delta)\phi + (4\theta - b\beta\Delta)c_m)}{4\theta - \beta\Delta^2 + 4z(\theta)},\quad \tau_{A2}^{R*} = \frac{\Delta(\phi - \beta c_m)}{4\theta - \beta\Delta^2 + 4z(\theta)}$$

L_{A2}^{R*} 满足下面等式

$$\frac{\partial L_{A2}^{R*}}{\partial\theta} = \frac{2(\phi - \beta c_m)}{\beta\Delta^2 - 4\theta - 4z(\theta)}\left((\theta + z(\theta))\frac{\partial w_{A2}^{R*}}{\partial\theta} - (b\theta + bz(\theta) - \theta\Delta)\frac{\partial\tau_{A2}^{R*}}{\partial\theta}\right)\text{且}$$

$$L(\alpha_{A2}^{R*})=\prod_{\bar{M}}+\frac{\Delta^2 z(\alpha_{A2})(\phi-\beta c_m)^2}{(\beta\Delta^2-4\alpha_{A2}-4z(\alpha_{A2}))^2}$$

交易终止点 $\alpha_{A2}^{R*}=\alpha\perp[\underline{\theta},\ \bar{\theta}]$，其中 α 是下列方程的解

$$\prod_{\bar{M}}+\prod_{\bar{R}}=\frac{(\alpha+z(\alpha))(\phi-\beta c_m)^2}{\beta(4\alpha+4z(\alpha)-\beta\Delta^2)}$$

（2）零售商的最优决策如下：$p_{A2}^{R*}=\dfrac{\phi(2\theta-\beta\Delta^2+2z(\theta))+2\beta c_m(\theta+z(\theta))}{\beta(4\theta-\beta\Delta^2+4z(\theta))}$。

（3）制造商和零售商的利润如下：

$$\prod_{M,A2}^{R*}=L_{A2}^{R*}，\prod_{R,A2}^{R*}=\frac{(\phi-\beta c_m)^2((4\theta-\beta\Delta^2)\theta+8\theta z(\theta)+4z(\theta)^2)}{\beta(\beta\Delta^2-4\theta-4z(\theta))^2}-L_{A2}^{R*}$$

证明：制造商的最优化问题可以改写为如下形式：

$$\max_{w(\theta),\tau(\theta),L(\theta),\alpha_{A2}}\int_{\underline{\theta}}^{\alpha_{A2}}h_0(\theta)d\theta+\Theta(\alpha_{A2})$$

$$\text{s.t.}\quad \dot{L}(\theta)=h_1(\theta)$$

$$\dot{w}(\theta)=h_2(\theta)$$

$$\dot{\tau}(\theta)=h_3(\theta)$$

其中，

$$h_0(\theta):=\Big(L(\theta)+\frac{1}{2}(\phi-\beta w(\theta)+b\beta\tau(\theta))(w(\theta)-c_m+(\Delta-b)\tau(\theta))\Big)f(\theta)$$

$$h_1(\theta):=\frac{1}{2}(\beta w(\theta)-b\beta\tau(\theta)-\phi)u_1+\frac{1}{2}(b\phi-b\beta w(\theta)+b^2\beta\tau(\theta)-4\theta\tau(\theta))u_2$$

$$h_2(\theta):=u_1=\dot{w}(\theta)$$

$$h_3(\theta):=u_2=\dot{\tau}(\theta)$$

$$\Theta(\alpha_{A2}):=\prod_{\bar{M}}(1-F(\alpha_{A2}))$$

因此该问题的协状态方程为：

$$\dot{\lambda}_1=-\left(\frac{\partial h_0(\theta)}{\partial L(\theta)}+\lambda_1\frac{\partial h_1(\theta)}{\partial L(\theta)}+\lambda_2\frac{\partial h_2(\theta)}{\partial L(\theta)}+\lambda_3\frac{\partial h_3(\theta)}{\partial L(\theta)}\right)=-f(\theta)$$

$$\dot{\lambda}_2=-\left(\frac{\partial h_0(\theta)}{\partial w(\theta)}+\lambda_1\frac{\partial h_1(\theta)}{\partial w(\theta)}+\lambda_2\frac{\partial h_2(\theta)}{\partial w(\theta)}+\lambda_3\frac{\partial h_3(\theta)}{\partial w(\theta)}\right)$$

$$=\frac{1}{2}(\beta(bu_2-u_1)\lambda_1-f(\theta)(\phi+\beta c_m-2\beta w(\theta)+2b\beta\tau(\theta)$$

$$-\beta\Delta\tau(\theta)))$$

$$\dot{\lambda}_3=-\left(\frac{\partial h_0(\theta)}{\partial \tau(\theta)}+\lambda_1\frac{\partial h_1(\theta)}{\partial \tau(\theta)}+\lambda_2\frac{\partial h_2(\theta)}{\partial \tau(\theta)}+\lambda_3\frac{\partial h_3(\theta)}{\partial \tau(\theta)}\right)$$

$$=\frac{1}{2}((b\beta u_1+(4\theta-b^2\beta)u_2)\lambda_1+f(\theta)(b\beta c_m+\beta(\Delta-2b)w(\theta)$$

$$+(b-\Delta)(\phi+2b\beta\tau(\theta))))$$

通过求解该问题的最优化一阶条件可以得到

$$\frac{\partial h_0(\theta)}{u_1}+\lambda_1\frac{\partial h_1(\theta)}{u_1}+\lambda_2\frac{\partial h_2(\theta)}{u_1}+\lambda_3\frac{\partial h_3(\theta)}{u_1}=0$$

$$\Rightarrow 2\lambda_2=\lambda_1(\phi-\beta w(\theta)+b\beta\tau(\theta))$$

$$\frac{\partial h_0(\theta)}{u_2}+\lambda_1\frac{\partial h_1(\theta)}{u_2}+\lambda_2\frac{\partial h_2(\theta)}{u_2}+\lambda_3\frac{\partial h_3(\theta)}{u_2}=0$$

$$\Rightarrow 2\lambda_3+\lambda_1(b\phi-b\beta w(\theta)+b^2\beta\tau(\theta)-4\theta\tau(\theta))=0$$

联立上述协状态方程和最优化一阶条件求解可得 w_{A2}^{R*} 和 τ_{A2}^{R*}。

由于制造商和零售商的利润都是 θ 的单调减函数（在后面会进行验证），因此，如果在 $\theta=\alpha_{A2}$ 处制造商和零售商的个人理性约束得到满足的话，那么当 $\underline{\theta}\leqslant\theta\leqslant\alpha_{A2}$ 时，制造商和零售商的个人理性约束也会得到满足。令

$$K(\alpha_{A2}):=-L(\alpha_{A2})-\prod_{\bar{R}}+\frac{\phi^2}{4\beta}+\frac{1}{4}\beta(w(\alpha_{A2})-b\tau(\alpha_{A2}))^2$$

$$+\frac{1}{2}(b\phi\tau(\alpha_{A2})-\phi w(\alpha_{A2})-2\alpha_{A2}\tau(\alpha_{A2})^2)$$

横截条件需要存在一个 t_2 使得

$$\lambda_1(\alpha_{A2})=\frac{\partial\Theta(\alpha_{A2})}{\partial L(\alpha_{A2})}+t_2\frac{\partial K(\alpha_{A2})}{\partial L(\alpha_{A2})}=-t_2 \tag{3.20}$$

$$\lambda_2(\alpha_{A2})=\frac{\partial\Theta(\alpha_{A2})}{\partial w(\alpha_{A2})}+t_2\frac{\partial K(\alpha_{A2})}{\partial w(\alpha_{A2})}=-\frac{1}{2}t_2(\phi-\beta w(\alpha_{A2})+b\beta\tau(\alpha_{A2}))$$

$$\lambda_3(\alpha_{A2})=\frac{\partial\Theta(\alpha_{A2})}{\partial \tau(\alpha_{A2})}+t_2\frac{\partial K(\alpha_{A2})}{\partial \tau(\alpha_{A2})}=\frac{1}{2}t_2(b\phi-b\beta w(\alpha_{A2})+(b^2\beta-4\alpha_{A2})\tau(\alpha_{A2}))$$

$$0=h_0(\alpha_{A2})+\lambda_1(\alpha_{A2})h_1(\alpha_{A2})+\lambda_2(\alpha_{A2})h_2(\alpha_{A2})+\lambda_3(\alpha_{A2})h_3(\alpha_{A2})-\prod\nolimits_{\overline{M}}f(\alpha_{A2})+t_2\frac{\partial K(\alpha_{A2})}{\partial\alpha_{A2}} \tag{3.21}$$

其中，$t_2\geqslant0$，$K(\alpha_{A2})\geqslant0$，$t_2K(\alpha_{A2})=0$。

由式（3.20）可以得到 $t_2=F(\alpha_{A2})>0$。将 w_{A2}^{R*} 和 τ_{A2}^{R*} 代入到式（3.21）化简可以得到 $L(\alpha_{A2})=\prod_{\overline{M}}+\dfrac{\Delta^2z(\alpha_{A2})(\phi-\beta c_m)^2}{(\beta\Delta^2-4\alpha_{A2}-4z(\alpha_{A2}))^2}$。

因为 $t_2K(\alpha_{A2})=0$，由于 $t_2>0$，因此 $K(\alpha_{A2})=0$。又由 $K(\alpha_{A2})=0$ 可以得到

$$\prod\nolimits_{\overline{M}}+\prod\nolimits_{\overline{R}}=\frac{(\alpha+z(\alpha))(\phi-\beta c_m)^2}{\beta(4\alpha+4z(\alpha)-\beta\Delta^2)}$$

又因为 $\underline{\theta}<\alpha_{A2}<\overline{\theta}$，因此，$\alpha_{A2}^{R*}=\alpha_{A2}\perp[\underline{\theta},\ \overline{\theta}]$。

接下来验证显示原理有效性：因为 $z(\theta)$ 是关于 θ 的增函数，所以 $z'(\theta)>0$，进而可得 $\dfrac{\partial\tau_{A2}^{R*}}{\partial\theta}=-\dfrac{4\Delta(\phi-\beta c_m)(1+z'(\theta))}{(\beta\Delta^2-4\theta-4z(\theta))^2}<0$。

接下来验证 $\prod_M(\theta)$ 和 $\prod_R(\theta)$ 是关于 θ 的单调递减函数。将 $p_{A2}^{R*}=\dfrac{w(\theta)\beta-b\beta\tau(\theta)+\phi}{2\beta}$ 代入到式（3.18）和式（3.19）中化简可以得到

$$\prod\nolimits_{R,A2}=\frac{\beta\tau(\theta)^2(b^2\beta-4\theta)+2b\beta\phi\tau(\theta)-2\beta w(\theta)(b\beta\tau(\theta)+\phi)+\beta^2w(\theta)^2+\phi^2}{4\beta}-L(\theta)$$

$$\prod_{M,A2}=\frac{1}{2}(b\beta\tau(\theta)-\beta w(\theta)+\phi)((\Delta-b)\tau(\theta)-c_m+w(\theta))+L(\theta)$$

给定式（3.17），通过对$\prod_{R,A2}$和$\prod_{M,A2}$求关于 θ 的偏导数可以得到

$$\frac{\partial\prod_{R,A2}}{\partial\theta}=-\tau(\theta)^2\leqslant 0$$

$$\frac{\partial\prod_{M,A2}}{\partial\theta}=\frac{1}{2}\tau'(\theta)(\tau(\theta)(2\beta b\Delta-b^2\beta-4\theta)+\beta(b-\Delta)w(\theta)+\Delta\phi-b\beta c_m)+\frac{1}{2}w'(\theta)(\beta(b-\Delta)\tau(\theta)-\beta w(\theta)+\beta c_m) \tag{3.22}$$

再将 w_{A2}^{R*} 和 τ_{A2}^{R*} 代入式（3.22）化简可以得到

$$\frac{\partial\prod_{M,A2}}{\partial\theta}=\frac{8\Delta^2 z(\theta)(z'(\theta)+1)(\phi-\beta c_m)^2}{(\beta\Delta^2-4\theta-4z(\theta))^3}<0$$

因此，随着 θ 的增加，$\prod_{R,A2}$和$\prod_{M,A2}$单调递减。证毕。

和命题 3.2 相似，零售商的回收成本类型 θ 对控制回收率合同菜单的影响如下：随着 θ 的增加，L_{A2}^{R*} 减少，w_{A2}^{R*} 增加，τ_{A2}^{R*} 减少。此外，$\prod_{M,A2}^{R*}$和$\prod_{R,A2}^{R*}$随着 θ 的增加而减少。

通过对比引理 3.2 和命题 3.4 可以得到不对称信息对供应链均衡决策和利润的影响，见下面的命题 3.5。相关证明与命题 3.3 的证明类似，故略去。

命题 3.5　（1）信息对称和不对称情形下的供应链均衡决策有如下关系：$w_{F2}^{R*}<w_{A2}^{R*}$，$p_{F2}^{R*}<p_{A2}^{R*}$，$\tau_{F2}^{R*}>\tau_{A2}^{R*}$。

（2）信息对称和不对称情形下的利润有如下关系：$\prod_{C,F2}^{R*}>\prod_{C,A2}^{R*}$，$\prod_{M,F2}^{R*}>\prod_{M,A2}^{R*}$，$\prod_{R,F2}^{R*}<\prod_{R,A2}^{R*}$。

（3）信息对称和不对称情形下的交易机会有如下关系：$\alpha_{F2}^{R*}>\alpha_{A2}^{R*}$。

命题 3.5 表明，在控制回收率合同下，双边际效应也不能避免。不对称信息会使制造商在设计合同时提高批发价，进而导致零售商提高零售价、降低回收率。此外，零售商可以从不对称信息中获益，但

是制造商因为不对称信息而利润受损，整个供应链的利润也会减少。又因为在不对称信息情形下，制造商的利润会减少，因此，制造商只会向更少类型的零售商提供信息甄别合同，供应链成员之间的交易机会也会因此而减少。这又说明，在控制回收率合同菜单下，制造商只向部分成本类型的零售商提供信息甄别合同是最优的。

接下来，主要分析不对称信息情形下两部定价合同和控制回收率合同下的均衡决策，以探讨不同合同对供应链成员决策的影响。见命题3.6。

命题3.6 当回收再制造产生的经济效益较小时，即 $b<\Delta<b+bz(\theta)/\theta$，两部定价合同下的回收率要高于控制回收率合同下的回收率，即 $\tau_{A2}^{R*}<\tau_{A1}^{R*}$；当回收再制造产生的经济效益较大时，即 $\Delta\geqslant b+bz(\theta)/\theta$，两部定价合同下的回收率要低于控制回收率合同下的回收率，即 $\tau_{A2}^{R*}\geqslant\tau_{A1}^{R*}$。此外，两部定价合同下的零售价总是高于控制回收率合同下的零售价，即 $p_{A2}^{R*}<p_{A1}^{R*}$。

证明：通过对两种合同下的回收率作比较可以得到：

$$\tau_{A2}^{R*}-\tau_{A1}^{R*}=\frac{(\phi-\beta c_m)(4\theta-b\beta\Delta)(\Delta\theta-b\theta-bz(\theta))}{(4\theta+4z(\theta)-\beta\Delta^2)(b^2\beta\theta+4\theta^2+b^2\beta z(\theta)-2b\beta\Delta\theta)}$$

因此，当 $b<\Delta<b+bz(\theta)/\theta$ 时 $\tau_{A2}^{R*}<\tau_{A1}^{R*}$，反之，可得 $\tau_{A2}^{R*}>\tau_{A1}^{R*}$。

另外，$p_{A2}^{R*}-p_{A1}^{R*}=\dfrac{2(\phi-\beta c_m)(\Delta\theta-b\theta-bz(\theta))^2}{(4\theta-\beta\Delta^2+4z(\theta))(2b\beta\Delta\theta-b^2\beta\theta-4\theta^2-b^2\beta z(\theta))}<0$，因此 $p_{A2}^{R*}<p_{A1}^{R*}$。

命题3.6说明当回收再制造产生的经济效益较小时，两部定价合同能更好地激励零售商进行回收废旧产品。当回收再制造产生的经济效益较大时，制造商可以从回收再制造运作中获得更大的积极益处，因此制造商通过控制回收率合同要求零售商付出更多的回收努力，进而实现更高的回收率。此外，在控制回收率合同下零售商可以采取更高的定价策略。

由于两种合同下的供应链成员的利润表达式非常复杂，因此，下一节主要通过数值算例的方式对两种合同进行比较，从而得到一些管理启示。另外，算例部分还对本章中的一些命题进行了验证分析。

3.5 算例分析

本部分的目的在于：首先，对上述两部定价合同和控制回收率合同及其性质，以及不对称信息产生的影响进行验证分析；其次，借助算例对两种合同从利润的角度进行比较分析。假设 θ 服从均匀分布且文中主要参数取值如下：$\phi=7$，$\beta=0.1$，$c_m=5$，$\Delta=3$，$b=1$，$\prod_{\bar{M}}=55.5$，$\prod_{\bar{R}}=52$。为保证 $\tau_{F1}^{R*}\leqslant 1$ 及相关命题中的前提条件得到满足，假设 $\underline{\theta}=5.1$，$\bar{\theta}=10$，因此 $f(\theta)=1/4.9$，$F(\theta)=(\theta-5.1)/4.9$，$z(\theta)=\theta-5.1$。

首先对两部定价合同及其性质，以及不对称信息的影响进行验证分析。基于上面的赋值及命题 3.1 中的结论可求得两部定价合同菜单下的交易终止点 $\alpha_{A1}^{R*}=6.80$ 及 $L(\alpha_{A1}^{R*})=57.00$，进而可求得 $L_{A1}^{R*}=L(\alpha_{A1}^{R*})-\int_{\theta}^{\alpha_{A1}^{R*}}\frac{\partial L_{A1}^{R*}}{\partial\theta}d\theta$（因其表达式烦琐故省略）。进而变动回收效率，可以得到转移支付、批发价、零售价、回收率和供应链成员利润在信息对称和不对称下变动曲线，见图 3-2。

第一，从图 3-2（a）和图 3-2（b）可以看出存在信息不对称时两部定价合同菜单的性质：即随着回收效率的降低（即 θ 增加），制造商收取的转移支付 L_{A1}^{R*} 不断减少，批发价 w_{A1}^{R*} 会不断提高；且制造商倾向于收取较高的转移支付而将批发价制定的降低（相对于零售商 p_{A1}^{R*} 而言）。从图 3-2（c）和图 3-2（d）可以看出两部定价合同菜单下零售商最优决策的变化趋势：即随着回收效率的降低（即 θ 增加），零售商的零售价 p_{A1}^{R*} 不断提高，而回收率 τ_{A1}^{R*} 不断降低。从图 3－2（e）和图 3－2（f）可以看出两部定价合同菜单下供应链成员利润的变化趋势：即随着回收效率的降低（即 θ 增加），制造商和零售商的利润（即 $\prod_{M,A1}^{R*}$ 和 $\prod_{R,A1}^{R*}$）都在减少，整个供应链的利润也因此而减少。

第二，从图 3－2（a）～图 3－2（d）可以看出回收成本信息不对称对供应链成员最优决策的影响：相对于信息对称情形，信息不对称会使制造商收取较高的转移支付和制定较低的批发价，会使零售商制定较高的零售价和较低的回收率。从图 3－2（e）和图 3－2（f）可以看出回收成本信息不对称对供应链成员利润的影响：相对于信息对称情形，信息不对称会使制造商的利润减少，零售商的利润增加。

第三，从图 3－2（g）可以看出整个供应链在信息不对称情形下的利润小于信息对称情形下的利润但是却非常接近，即 $\prod_{T,A1}^{R*}$ 近似等于 $\prod_{T,F1}^{R*}$。这说明，两部定价合同菜单几乎能够消除信息不对称产生的影响。具体表现可以从图 3－2（b）～图 3－2（d）中看出，因为对于一个特定的回收效率 θ，相对于信息对称情形，在不对称信息情形下，制造商和零售商的最优决策偏离程度很小。比如，图 3－2（e）表明了零售商在两种情形下的回收率几乎相等。

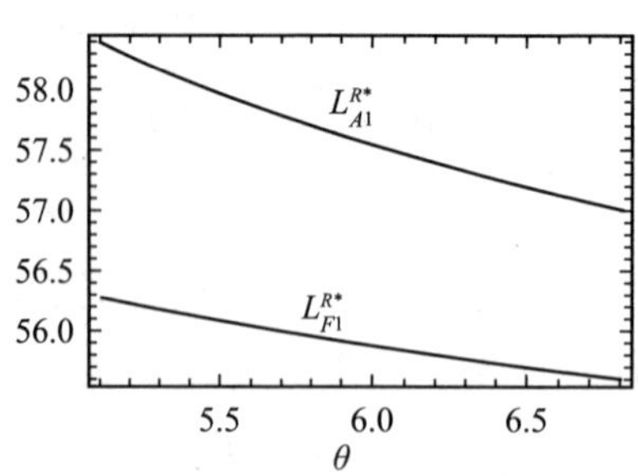

（a）θ对L_{F1}^{R*}和L_{A1}^{R*}的影响

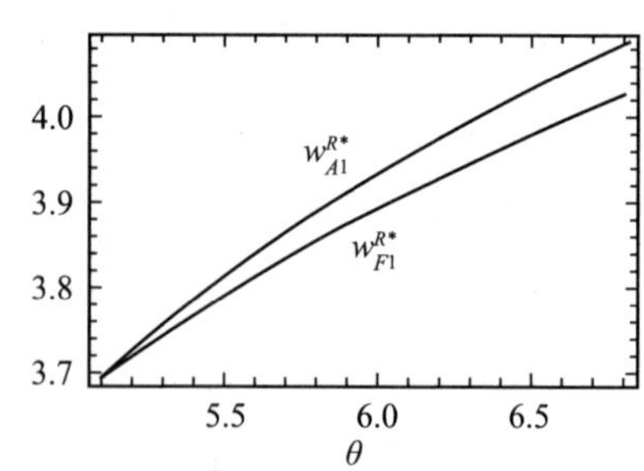

（b）θ对w_{F1}^{R*}和w_{A1}^{R*}的影响

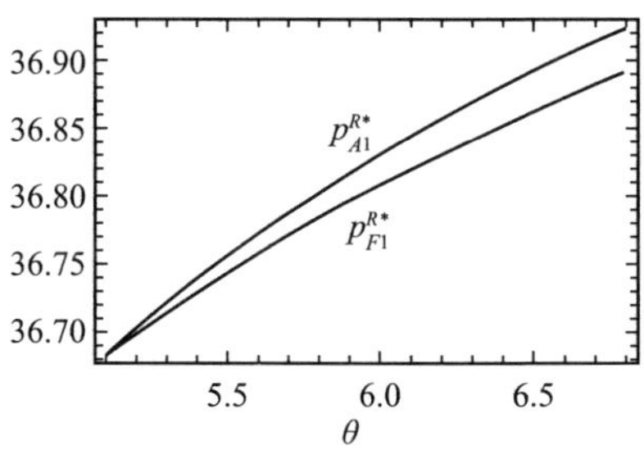

（c）θ对p_{F1}^{R*}和p_{A1}^{R*}的影响

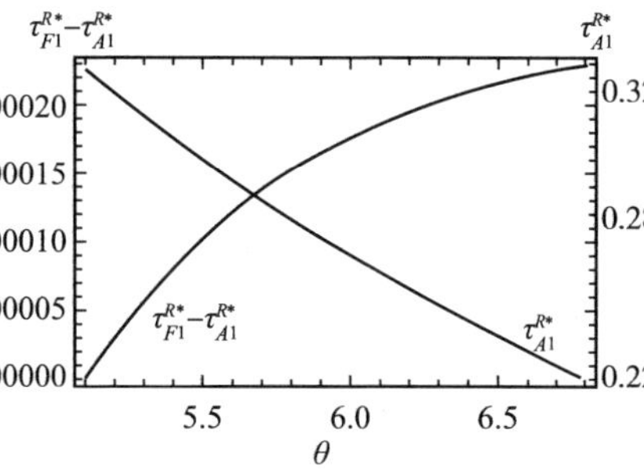

（d）θ对（$\tau_{F1}^{R*}-\tau_{A1}^{R*}$）和$\tau_{A1}^{R*}$的影响

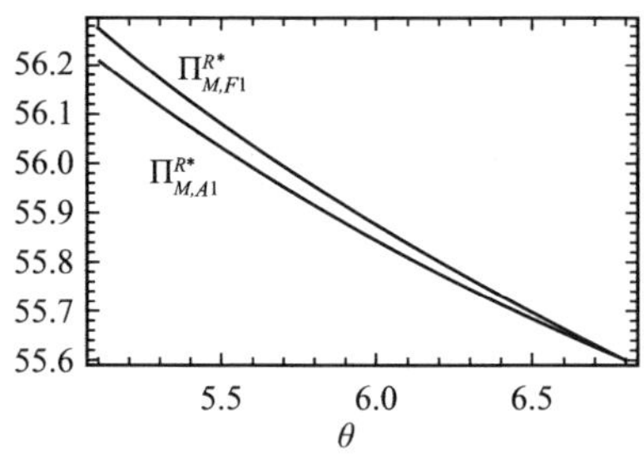

（e）θ对$\Pi_{M,F1}^{R*}$和$\Pi_{M,A1}^{R*}$的影响

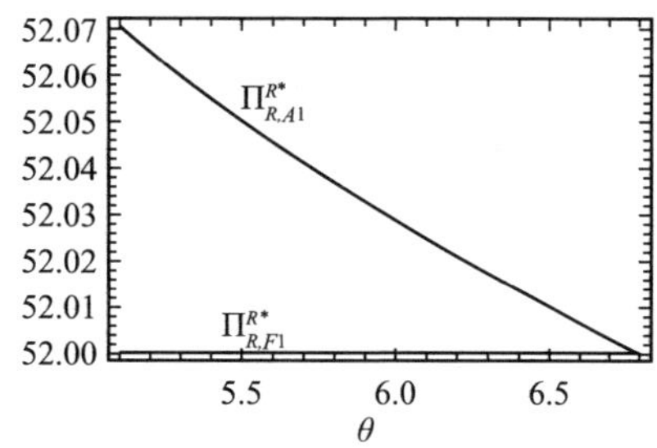

（f）θ对$\Pi_{R,F1}^{R*}$和$\Pi_{R,A1}^{R*}$的影响

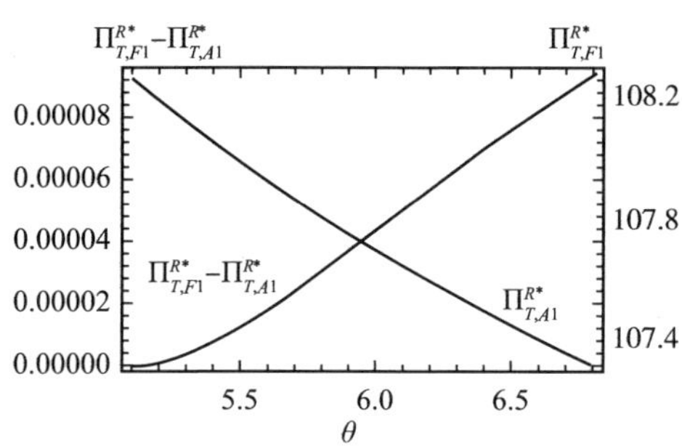

（g）θ对$\Pi_{T,F1}^{R*}-\Pi_{T,A1}^{R*}$的影响

图 3－2　回收效率对信息对称和不对称下两部定价合同均衡结果的影响

其次分析控制回收率合同菜单及其性质，以及不对称信息的影响。基于上面的赋值及命题 3.4 中的结论可求得两部定价合同菜单下的交易终止点 $\alpha_{A2}^{R*}=9.00$ 及 $L(\alpha_{A2}^{R*})=50.08$，进而可求得 $L_{A2}^{R*}=$

$L(\alpha_{A2}^{R*})-\int_{\theta}^{\alpha_{A2}^{R*}}\frac{\partial L_{A2}^{R*}}{\partial\theta}d\theta$（因其表达式繁琐故省略）。比较两种合同菜单下的交易终止点可以得到 $\alpha_{A2}^{R*}>\alpha_{A1}^{R*}$，这一方面说明制造商不需要向所有类型的零售商都提供激励合同；另一方面说明在控制回收率合同菜单下制造商更有动力提供激励合同，供应链成员的交易机会也会更多。进而变动回收效率，可以得到转移支付、批发价、零售价、回收率和供应链成员利润在信息对称和不对称下变动曲线，如图 3－3 所示。

图 3－3 表明，在控制回收率合同下，回收效率对均衡结果的影响与在两部定价合同下的影响相似，即随着回收效率的降低（即 θ 增加），制造商收取的转移支付不断减少，批发价不断提高，零售价不断提高，回收率不断降低，制造商和零售商的利润均不断减少。

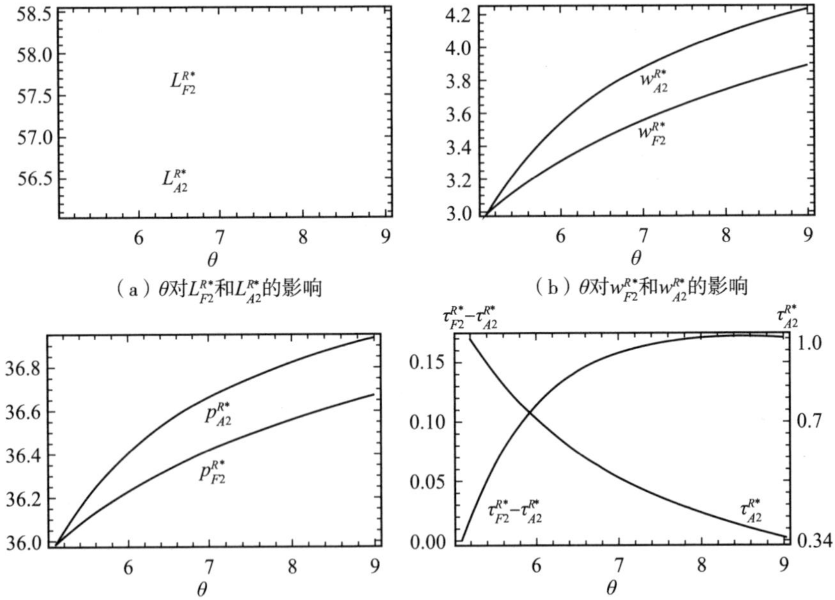

（a）θ对L_{F2}^{R*}和L_{A2}^{R*}的影响　　（b）θ对w_{F2}^{R*}和w_{A2}^{R*}的影响

（c）θ对p_{F2}^{R*}和p_{A2}^{R*}的影响　　（d）θ对（$\tau_{F2}^{R*}-\tau_{A2}^{R*}$）和$\tau_{A2}^{R*}$的影响

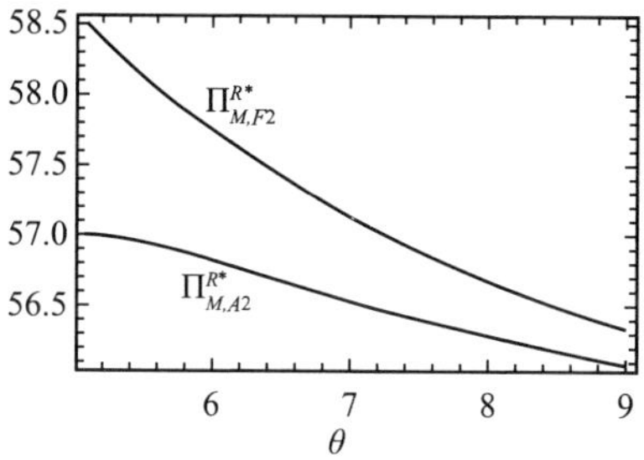

（e）θ对$\Pi^{R*}_{M,F2}$和$\Pi^{R*}_{M,A2}$的影响

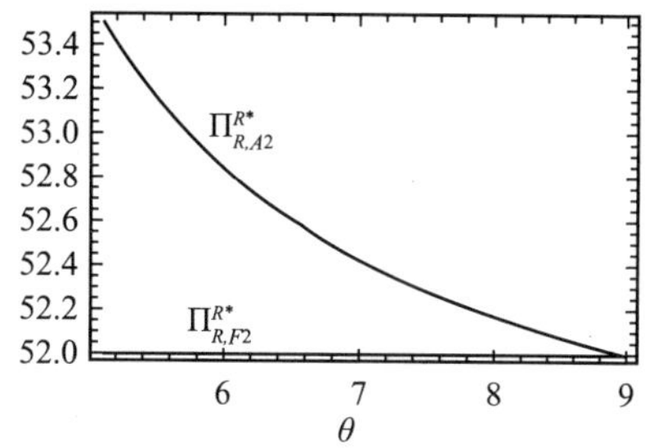

（f）θ对$\Pi^{R*}_{R,F2}$和$\Pi^{R*}_{R,A2}$的影响

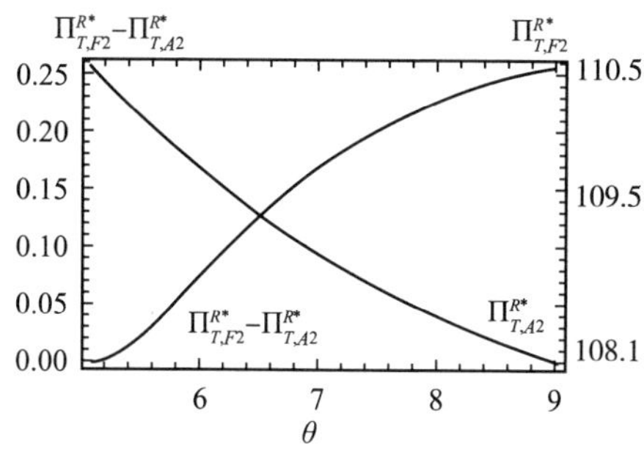

（g）θ对$\Pi^{R*}_{T,F2}-\Pi^{R*}_{T,A2}$的影响

图 3－3　回收效率对信息对称和不对称下控制回收率合同均衡结果的影响

图 3－3 还表明，在控制回收率合同下，不对称的回收成本信息仍然会使制造商提高批发价，仍然会使零售商提高零售价和降低回收率。但是，在回收成本信息不对称下，制造商减少了对零售商收取的转移支付，这是因为控制回收率合同会协调信息对称下的闭环供应链，而此时制造商可以收取到最高的转移支付，因此 $L^{R*}_{A2} < L^{R*}_{F2}$。此外，制造商的利润仍然会因为信息不对称而减少，零售商的利润因此而增加。结合图 3－3（e）～图 3－3（g）可以看出：控制回收率合同菜单近似可以协调这个存在信息不对称的闭环供应链。由于控制回收率合同可以协调信息对称情形下的闭环供应链，因此 $\Pi^{R*}_{T,F2}$ 等于集中化决策下的闭环供应链利润，而 $(\Pi^{R*}_{T,F2} - \Pi^{R*}_{T,A2})/\Pi^{R*}_{T,F2}$ 几乎为零，因此，控制回收率合同菜单不仅能够消除信息不对称产生的影响，而且近似可以协调这个闭环供应链。

接下来借助算例比较两种合同。首先，结合图3－2（a）和图3－3（a）、图3－2（b）和图3－3（b）、图3－2（c）和图3－3（c）、图3－2（d）和图3－3（d）可以得到：相比于两部定价合同，在控制回收率合同下，批发价和零售价都较低，制造商收取的转移支付较少，回收率则较高。这说明控制回收率合同可以降低供应链中的双边际效应，它还可以减少制造商对零售商收益的攫取，此外，它还可以提高供应链的可持续性，更能满足政府的相关环保法规。这些导致了制造商、零售商和整个供应链在控制回收率合同菜单下获得的利润要大于其在两部定价合同菜单下的利润（见图3－4）。这说明：为消除信息不对称产生的影响，相比于两部定价合同，制造商选择控制回收率合同，不仅对自己有利，还会使零售商和整个供应链有利，可以实现帕累托改进。这也意味着零售商虽然在控制回收率合同失去了对回收率的决策权，但是获得的利润却增加了，因此是值得的。

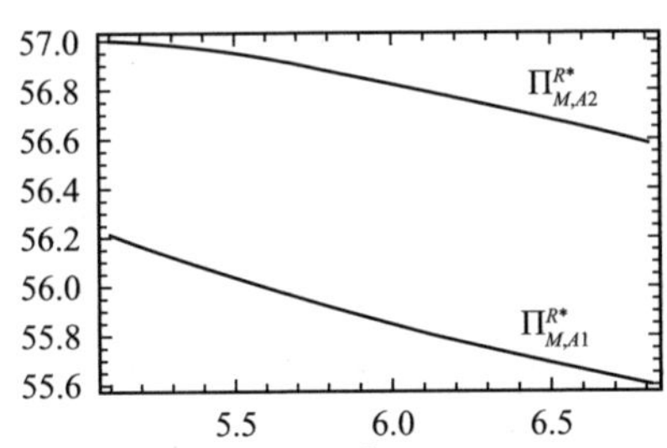

（a）两种合同菜单下制造商的利润

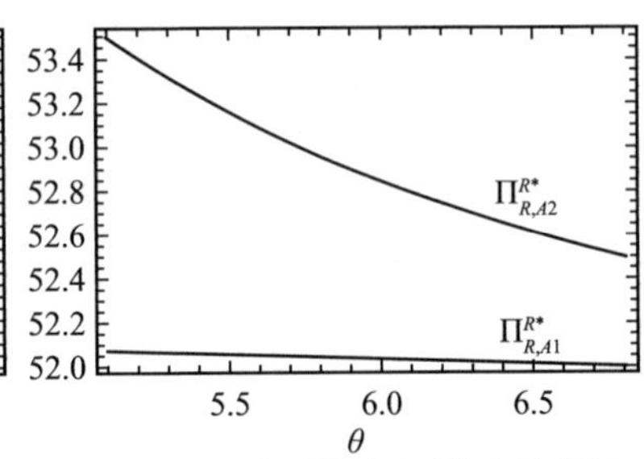

（b）两种合同菜单下零售商的利润

图3－4　两种合同菜单下供应链成员的利润

3.6　本章小结

本章在一个制造商依赖零售商回收的闭环供应链中，当零售商的回收成本信息是不对称时，利用委托代理理论和显示原理，考虑到制造商的交易终止策略，研究了制造商如何设计合同以实现对零售商不对称信息的揭露。本章考察了两种合同，即两部定价合同和控制回收率合同。针对每一种合同分析了该合同的性质以及回收成本信息不对称对整个闭环供应链的影响，最后对两种合同进行了对比。

研究发现，在信息对称情形下，两部定价合同不能协调这个闭环供应链，而控制回收率合同可以。在信息不对称情形下，两部定价合同菜单和控制回收率合同菜单可以实现对零售商回收成本信息的揭露，但是这两个合同菜单都不能协调此种情形下的供应链。此外，在信息不对称下，制造商只向部分成本类型的零售商提供上述合同菜单是最优的。通过算例可以发现，两部定价合同菜单可以近似消除信息不对称产生的影响，而控制回收率合同菜单可以近似协调这个供应链。借助算例还发现，供应链中的双边际效应在控制回收率合同菜单下要低于两部定价合同菜单，因此，制造商和零售商在控制回收率合同菜单下获得利润要高于两部定价合同菜单。此外，制造商在控制回收率合同菜单下提供合同菜单并被零售商接受的机会要高于两部定价合同菜单。

另外，在每一种合同菜单下，随着零售商回收成本系数的增加，制造商收取的转移支付会减少，批发价和零售价会提高，回收率会降低，制造商和零售商的利润会减少。不对称的回收成本信息会加重供应链中的双边际效应，降低废旧产品的回收率，并最终使得制造商和整个供应链的利润减少；零售商因为拥有私有信息利润反而增加。

本章主要考察的是制造商依赖零售商回收的闭环供应链，而在实践中，制造商直接回收模式也是广泛存在的，因此，在下一章主要探讨制造商直接回收的闭环供应链在面临回收成本信息不对称时如何进行合同设计。

第4章　制造商回收成本信息不对称模型

4.1　引　　言

第3章是在制造商依赖零售商回收的闭环供应链中研究回收成本信息不对称时的最优合同设计问题，而在实践中，也有一些制造商选择自己回收，如绪论中讲到的施乐公司。对于这种制造商直接回收模式的闭环供应链，制造商需要依赖零售商将其产品销售给消费者。随着渠道营销的重要性不断提高和大型零售商如沃尔玛、家乐福等不断出现，零售商在供应链中的地位开始不断提高以致享有谈判议价优势，开始主导整个供应链。对于这种制造商直接回收且零售商占主导的闭环供应链，制造商的回收成本信息常常是其私有的，零售商通常很难对其进行准确观测，由此产生的信息不对称问题会导致逆向选择问题，进而降低供应链绩效。因此，零售商如何进行激励合同设计以实现对制造商的信息揭露和激励并提高供应链绩效也是值得研究和探讨的。

已有较多学者在其他类型的供应链中，考虑信息不对称时，从占主导地位的零售商的角度研究了最优决策以及激励合同设计等问题，如劳等（2007）、王等（2009）、徐等（2010）和颜波等（2015）。而在零售商主导的闭环供应链中，学者们的研究主要从信息对称的角度出发。例如，易余胤（2009）分别研究了不同权力结构（包括零售商占主导地位）对单个零售商的闭环供应链和具有竞争零售商的闭环供应链的最优决策和利润的影响。聂佳佳（2011）在存在一个强势和一个弱势零售商的闭环供应链中研究了回收渠道设计问题。赵晓敏等（2012）研究了渠道权力结构对闭环供应链定价和利润的影响。余福茂和徐玉军（2014）研究了政府奖惩机制对零售商主导闭环供应链回收决策及绩效的影响。李新然等（2014）研究了奖惩机制下不同权力结构闭环供应链的决策问题，包括了零售商主导的闭环供应链。李等（2016）在零售商占主导地位的闭环供应链中研究了回收活动在不同回收渠道间的分配问题。值得指出的是，还没有文献在这种闭环供应链中研究信息甄别合同设计问题。

综上所述，本章在一个零售商占主导地位的闭环供应链中，当制造商的回收成本信息是不对称时，探讨了零售商的信息甄别合同设计问题，并同时考虑了零售商的交易终止策略，即是否有必要向所有成本类型的制造商都提供激励合同。本章主要考察了两部定价合同，并探讨该合同的性质以及不对称回收成本信息对闭环供应链的影响。

4.2　模型描述和假设

参考萨瓦斯坎等（2004）、萨瓦斯坎和瓦森霍夫（2006），本章考虑一个制造商直接回收废旧产品的闭环供应链，如图 4 - 1 所示。在正向供应链中，制造商生产产品并依赖零售商将产品卖给消费者。在这一过程中，制造商可以用新的原材料生产新产品，此时制造商的单位生产成本为 c_m，制造商还可以通过对回收的旧产品进行再制造获得再制造品，此时制造商的单位生产成本为 c_r。由于再制造技术的高度发达，再制造品常常和新产品没有差别，因此我们假设零售商和消费者认为再制造品和新产品是一样的，即对其有相同的支付意愿。此外，相比于以新的原材料进行生产，制造商对回收的旧产品进行翻新常常可以节约生产成本，因此假设 $c_m > c_r$。令 Δ 表示回收再制造活动节约的单位成本，因此 $\Delta = c_m - c_r$ 且 $\Delta > 0$。产品的市场需求为 $D(p) = \phi - \beta p$，其中 $\phi(\phi > \beta c_m)$ 代表市场潜在需求，β 代表需求对价格的敏感性。制造商的批发价用 w 表示，零售商在销售过程获取的边际收益用 m 表示，因此产品的零售价 $p = w + m$。

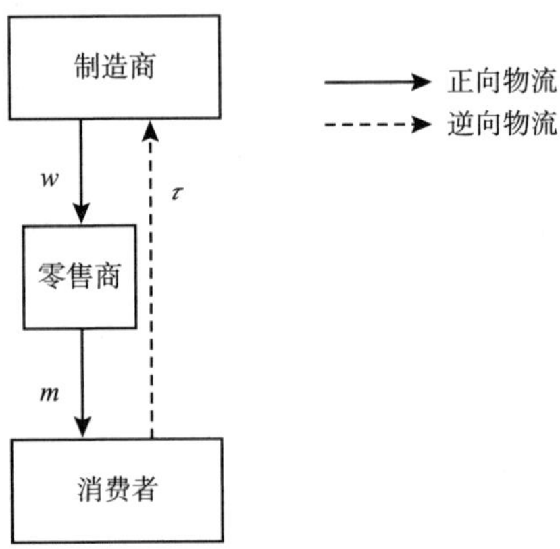

图 4－1　制造商直接回收的闭环供应链

在逆向供应链中，制造商负责回收废旧产品并利用再制造技术对其进行翻新。在这一过程中，制造商决定废旧产品的回收率，用 $\tau(0 \leqslant \tau \leqslant 1)$ 表示。相应地，制造商付出回收处理成本，用 $\theta\tau^2$ 来表示，其中，θ 代表回收成本系数，反映制造商回收处理效率，θ 越大表示制造商的回收效率越低。需注意的是，τ 也可以理解为制造商投放市场的产品里面再制造产品所占的比率。经过上面的描述，制造商的平均生产成本可以写成 $c = (1 - \tau)c_m + \tau c_r$，即 $c = c_m - \tau\Delta$。

在这个闭环供应链中，零售商是主导者，具体表现为零售商是博弈的领导者，制造商是跟随者。与第 3 章类似，本章主要研究单周期闭环供应链模型，且在本章中，除了回收成本信息，其他信息都是公开的、对称的。因此，下面主要对不对称的回收成本信息进行描述。

在本章中，制造商负责回收旧产品，因此，回收成本信息是其私有信息，零售商无法观测其准确信息，但是，零售商可以利用信息技术对制造商的回收成本信息进行预测。因此本章假设制造商的回收成本系数 θ 是不对称的，但是零售商知道回收成本系数 θ 在区间 $[\underline{\theta}, \bar{\theta}]$ 的先验分布函数 $F(\theta)$ 和连续概率密度函数 $f(\theta)$。零售商的目标是通过设计合同来揭示制造商的真实成本信息，进而实现自己的利润最大化。本章主要考察针对制造商供应量 q 的两部定价合同菜单 $\{m(q), L(q)\}$，即零售商在决定边际收益的同时会向制造商收取转移支付。由于制造商的供应量反映了其回收成本信息，因此上述合同菜单可以改写为 $\{m(\theta), L(\theta)\}$。假设制造商和零售商的保留利润分别为 $\prod_{\bar{M}}$ 和 $\prod_{\bar{R}}$。因此，合同被签订的前提是零售商和制造商签订合同后可以获得不低于他们的保留利润。此外，由于零售商和制造商的利润是关于 θ 的减函数（在后面会有证明），因此存在一个交易终止点 α $(\alpha \in [\underline{\theta}, \bar{\theta}])$，使得在这一点处零售商的利润等于其保留利润。进而可知，当 $\theta \in [\underline{\theta}, \alpha]$ 时，零售商有动力向制造商提供激励合同，当 $\theta \in [\alpha, \bar{\theta}]$ 时，零售商不会向制造商提供激励合同，此时，零售商和制造商不会发生交易因而只获得保留利润，这也就是零售商在设计合同时考虑的交易终止策略。本章只考察两部定价合同菜单的原因在于，两部定价合同可以协调信息对称情形下制造商直接回收的闭环供应链，且在信息不对称情形下，经过研究发现，两部定价合同菜单和控制回收率合同菜单都不能协调这种回收模式的闭环供应链，因此本章没有继续考察控制回收率合同菜单。

零售商与制造商的博弈顺序如下：零售商作为领导者，首先向制造商提供一个合同菜单 $\{m(\theta), L(\theta)\}$；制造商根据自己的真实回收成本信息 θ 宣告一个成本信息 $\hat{\theta}$，相应地，合同中的具体参数也就选定了，即制造商选定了合同 $\{m(\hat{\theta}), L(\hat{\theta})\}$。其次，制造商在合同菜单 $\{m(\hat{\theta}), L(\hat{\theta})\}$ 下决定产品的批发价和回收率。最后，零售商将从制造商处获得产品以满足市场需求，零售商和制造商获得相应的利润。运用逆向归纳法求解该模型可以得到各个阶段的最优决策及利润。本章的均衡结果用上标 M 表示。

4.3 模型求解与分析

首先分析一个基准模型，即对称信息、分散式决策的供应链模型（简记为情形 F1）。在此模型中，给定零售商提供的合同 $\{m, L\}$，制造商最优化其利润 $\prod_{M,F1}$，可以得到制造商的最优反应函数 w_{F1}^{M*} 和 τ_{F1}^{M*}。此时零售商的目标是通过运用合同 $\{m, L\}$ 最大化整个供应链的利润。其次通过转移支付 L 保证制造商获得等于其保留利润的收益 $\prod_{\bar{M}}$。最后零售商可以获得最大的利润分配。因此，零售商的最优化问题为

$$R_{F1}: \max_{m,L} \prod_{C,F1} = (\phi - \beta(w_{F1}^{M*} + m))((w_{F1}^{M*} + m) - c_m + \Delta\tau_{F1}^{M*}) - \theta\tau_{F1}^{M*2}$$

$$\text{s.t.} \quad (w_{F1}^{M*}, \tau_{F1}^{M*}) = \arg\max_{w,\tau} \prod_{M,F1}$$

$$\prod_{M,F1} = (\phi - \beta(w + m))(w - c_m + \Delta\tau) - \theta\tau^2 - L(\theta) \geqslant \prod_{\bar{M}}$$

首先定义下面一组关系：$x \perp [l, u] := \max\{l, \min\{x, u\}\}$。通过求解问题 R_{F1}，可以得到引理 4.1。

引理 4.1 在情形 $F1$ 下，（1）零售商提供的最优合同如下：

$$m_{F1}^{M*} = 0, \quad L_{F1}^{M*} = \frac{\theta(\phi - \beta c_m)^2}{\beta(4\theta - \beta\Delta^2)} - \prod_{\bar{M}}$$

交易终止点 $\alpha_{F1}^{M*}=\alpha_1\perp[\underline{\theta},\ \bar{\theta}]$，其中 $\alpha_1=\dfrac{\beta^2\Delta^2(\prod_{\bar{M}}+\prod_{\bar{R}})}{4\beta(\prod_{\bar{M}}+\prod_{\bar{R}})-(\phi-\beta c_m)^2}$。

（2）制造商的最优决策如下：

$$w_{F1}^{M*}=\frac{\beta\Delta^2\phi-2\beta\theta c_m-2\theta\phi}{\beta^2\Delta^2-4\beta\theta},\ \tau_{F1}^{M*}=\frac{\Delta(\beta c_m-\phi)}{\beta\Delta^2-4\theta}$$

（3）集中化供应链利润、零售商利润和制造商利润分别如下：

$$\prod\nolimits_{C,F1}^{M*}=\frac{\theta(\phi-\beta c_m)^2}{\beta(4\theta-\beta\Delta^2)},\ \prod\nolimits_{M,F1}^{M*}=\prod\nolimits_{\bar{M}},\ \prod\nolimits_{R,F1}^{M*}=\prod\nolimits_{C,F1}^{M*}-\prod\nolimits_{\bar{M}}$$

证明：为保证 $\prod_{C,F1}$ 是关于 w 和 τ 的联合凹函数，需要假设 $\theta\geqslant\beta\Delta^2/4$。通过联立求解 $\prod_{C,F1}$ 关于 w 和 τ 的一阶偏导数可以得到相应的最优反应函数

$$w_{F1}^{M*}=-\frac{2\beta\theta c_m+(\beta\Delta^2-2\theta)(\beta m-\phi)}{\beta(\beta\Delta^2-4\theta)},\ \tau_{F1}^{M*}=\frac{\Delta(\beta c_m+\beta m-\phi)}{\beta\Delta^2-4\theta}$$

给定 w_{F1}^{M*} 和 τ_{F1}^{M*}，可得 $\prod_{C,F1}=\dfrac{\beta\theta m^2}{\beta\Delta^2-4\theta}-\dfrac{\theta(\beta c_m-\phi)^2}{\beta(\beta\Delta^2-4\theta)}$。因为 $\prod_{C,F1}$ 是关于 m 的凹函数，所以通过求解一阶条件可得 m_{F1}^{M*}。再将 m_{F1}^{M*} 代入到 w_{F1}^{M*} 和 τ_{F1}^{M*} 中去可得制造商的最优决策，进而可得供应链利润 $\prod_{C,F1}^{M*}$。为保证制造商参与，零售商向制造商收取的转移支付 $L_{F1}^{M*}=\prod_{C,F1}^{M*}-\prod_{\bar{M}}$，此时制造商的利润为 $\prod_{\bar{M}}$，零售商获得利润 $\prod_{R,F1}^{M*}$。显然，该合同被签订的前提是 $\prod_{\bar{M}}+\prod_{\bar{R}}\leqslant\prod_{C,F1}^{M*}$，即 $\theta\leqslant\alpha_1$。因为 θ 是定义在区间 $[\underline{\theta},\ \bar{\theta}]$ 上，因此交易终止点 $\alpha_{F1}=\alpha_1\perp[\underline{\theta},\ \bar{\theta}]$。证毕。

引理 4.1 说明，为了获取最大的利润，零售商将自己的边际收益设定为 0，因此整个供应链不存在双边际效应，此时两部定价合同 $\{m_{F1}^{M*},\ L_{F1}^{M*}\}$ 实现了对整个供应链的协调。通过对比引理 4.1 中的供应链利润 $\prod_{C,F1}^{M*}$ 和第 3 章 3.3 节得到的集中化供应链利润 $\prod_C^{R*}$（$\prod_{C,F1}^{M*}=\prod_C^{R*}$）也可以得到此结论。此外，为了保证最优回收率 $\tau_{F1}^{M*}\leqslant1$，需进一步假设 $\theta\geqslant\Delta(\phi-\beta c_m+\beta\Delta)/4$。

接下来研究在信息不对称条件下，零售商的最优合同菜单设计问题（简记为情形 A1）。在这种情形下，针对每一种成本类型 θ 的制造商，零售商提供相应的合同菜单 $\{m(\theta), L(\theta)\}$。真实成本信息是 θ 的制造商告知零售商自己的成本信息 $\hat{\theta}$，进而选择了合同 $\{m(\hat{\theta}), L(\hat{\theta})\}$。随后，制造商在合同菜单 $\{m(\hat{\theta}), L(\hat{\theta})\}$ 下决定产品的批发价和回收率。

运用逆向归纳法求解该模型：当制造商报告自己的成本信息是 $\hat{\theta}$ 时，制造商的最优问题是：

$$\max_{w,\tau}\prod_{M,A1}=(w-c_m+\Delta\tau)(\phi-\beta(m(\hat{\theta})+w))-\theta\tau^2-L(\hat{\theta})$$

通过联立$\frac{\partial\prod_{M,A1}}{\partial w}=0$ 和$\frac{\partial\prod_{M,A1}}{\partial\tau}=0$ 求解，可得制造商的最优反应函数

$$w_{A1}^{M*}=\frac{2\beta\theta c_m+(\beta\Delta^2-2\theta)(\beta m(\hat{\theta})-\phi)}{\beta(4\theta-\beta\Delta^2)},\ \tau_{A1}^{M*}=\frac{\Delta(\beta c_m+\beta m(\hat{\theta})-\phi)}{\beta\Delta^2-4\theta}$$

再将 w_{A1}^{M*} 和 τ_{A1}^{M*} 代入到 $\prod_{M,A1}$，可知制造商报告成本信息 $\hat{\theta}$ 时获得的利润：

$$\prod_{M,A1}(\theta, \hat{\theta})=\frac{\theta(\beta c_m+\beta m(\hat{\theta})-\phi)^2}{\beta(4\theta-\beta\Delta^2)}-L(\hat{\theta})$$

根据显示原理（Fudenberg and Tirole，1991），为了保证制造商报告其真实的成本信息，零售商在设计两部定价合同菜单时，应该使得制造商的利润 $\prod_{M,A1}(\theta, \hat{\theta})$ 在 $\hat{\theta}=\theta$ 处取最大值，此时追求利润最大化的制造商才会报告其真实的成本信息 θ。因此，通过求解 $\partial\prod_{M,A1}(\theta, \hat{\theta})/\partial\hat{\theta}=0$ 并令 $\hat{\theta}=\theta$，可以得到制造商的激励相容约束（IC）：

$$L'(\theta)=-\frac{2\theta m'(\theta)(\phi-\beta c_m-\beta m(\theta))}{4\theta-\beta\Delta^2}$$

进一步，参考穆霍帕迪亚等（2009）可知，为保证显示原理有效，$\prod_{M,A1}(\theta, \hat{\theta})$ 的局部二阶条件需满足：

$$\frac{\partial^2\prod_{M,A1}(\theta, \hat{\theta})}{\partial\hat{\theta}\partial\theta}=\frac{2\beta\Delta^2 m'(\hat{\theta})(\phi-\beta c_m-\beta m(\hat{\theta}))}{(\beta\Delta^2-4\theta)^2}\geqslant 0$$

上述条件等价于 $\dot{m}(\theta)\geqslant 0$，意味着零售商在设计合同菜单时应保证边际收益随着 θ 的增加而增加。

给定上述激励相容约束和制造商的最优反应函数，零售商的目标是通过设计合同，在保证揭露制造商真实成本信息条件下，实现自己的利润最大化，因此零售商的最优化问题如下。

$$R_{A1}:\max_{m(\theta),L(\theta)}\int_{\underline{\theta}}^{\alpha_{A1}}\prod_{R}(\theta)f(\theta)d\theta+\int_{\alpha_{A1}}^{\bar{\theta}}\prod_{\bar{R}}f(\theta)d\theta \tag{4.1}$$

$$\text{s.t.}\quad IC:\ L'(\theta)=-\frac{2\theta m'(\theta)(\phi-\beta c_m-\beta m(\theta))}{4\theta-\beta\Delta^2} \tag{4.2}$$

$$IR:\ \prod_M(\theta)=\frac{\theta(\beta c_m+\beta m(\theta)-\phi)^2}{\beta(4\theta-\beta\Delta^2)}-L(\theta)\geqslant\prod_{\bar{M}} \tag{4.3}$$

$$\prod_R(\theta)=\frac{2\theta m(\theta)(\beta c_m+\beta m(\theta)-\phi)}{\beta\Delta^2-4\theta}+L(\theta) \tag{4.4}$$

对最优化问题 R_{A1} 的具体描述如下：式（4.2）是激励相容约束，以保证制造商真实报告其回收成本信息；式（4.3）是制造商的个人理性约束，以保证制造商参与；式（4.4）是零售商在信息对称情形下的利润函数；式（4.1）是零售商的目标函数，因为零售商只知道 θ 的分布函数，所以需要对其利润函数求期望。式（4.1）中的 α_{A1} 代表可变终止点，在这一点，$\prod_R(\alpha_{A1})=\prod_{\bar{R}}$，又由于 $\prod_M(\theta)$ 是关于 θ 的单调递减函数（命题4.2 中有证明），因此，在区间 $\underline{\theta}\leqslant\theta\leqslant\alpha_{A1}$，零售商的利润函数是式（4.4）中第一部分，在区间 $\alpha_{A1}<\theta\leqslant\bar{\theta}$，零售商只获得其保留利润 $\prod_{\bar{R}}$，其利润函数是式（4.4）中第二部分。

参考穆霍帕迪亚等（2009）、卡门和施瓦兹（2012），运用可变终止点和带残值的最优控制理论求解最优化问题 R_{A1}，可得命题 4.1。另令 $z(\theta)=F(\theta)/f(\theta)$，且假设 $z(\theta)$ 是关于 θ 的增函数。

命题 4.1　在 $A1$ 情形中，当 $\theta(4\theta-\beta\Delta^2)z'(\theta)+z(\theta)(\beta\Delta^2-8\theta)>0$ 时，

（1）零售商的最优合同菜单如下：

$$m_{A1}^{M*}=\frac{\Delta^2 z(\theta)(\phi-\beta c_m)}{\theta(4\theta-\beta\Delta^2)+\beta\Delta^2 z(\theta)},\ L_{A1}^{M*}=L(\alpha_{A1}^{M*})-\int_{\theta}^{\alpha_{A1}^{M*}}L'(\theta)d\theta$$

其中：

$$L'(\theta)=-\frac{2\theta(\phi-\beta c_m-\beta m(\theta))}{4\theta-\beta\Delta^2}\frac{\partial m_{A1}^{M*}}{\partial\theta},\ 且$$

$$L(\alpha_{A1}^{M*})=\prod_{\bar{R}}-\frac{\alpha_{A1}^{M*2}\Delta^2 z(\alpha_{A1}^{M*})(\phi-\beta c_m)^2}{(\alpha_{A1}^{M*}\beta\Delta^2-4\alpha_{A1}^{M*2}-\beta\Delta^2 z(\alpha_{A1}^{M*}))^2}$$

交易终止点 $\alpha_{A1}^{M*}=\alpha_{A1}\perp[\underline{\theta},\ \bar{\theta}]$，其中 α_{A1} 是下列方程的解

$$\prod_{\bar{M}}+\prod_{\bar{R}}=\frac{\alpha_{A1}^2(\phi-\beta c_m)^2}{\beta(\alpha_{A1}(4\alpha_{A1}-\beta\Delta^2)+\beta\Delta^2 z(\alpha_{A1}))}\tag{4.5}$$

（2）制造商的最优决策如下：

$$w_{A1}^{M*}=\frac{\theta(\beta\Delta^2\phi-2\beta\theta c_m-2\theta\phi)-\beta^2\Delta^2 c_m z(\theta)}{\beta(\theta(\beta\Delta^2-4\theta)-\beta\Delta^2 z(\theta))},$$

$$\tau_{A1}^{M*}=\frac{\Delta\theta(\phi-\beta c_m)}{\theta(4\theta-\beta\Delta^2)+\beta\Delta^2 z(\theta)}$$

（3）零售商和制造商的利润如下：

$$\prod_{R,A1}^{M*}=\frac{\theta^3(4\theta-\beta\Delta^2)(\phi-\beta c_m)^2}{\beta(\theta(\beta\Delta^2-4\theta)-\beta\Delta^2 z(\theta))^2}+L_{A1}^{M*},$$

$$\prod_{M,A1}^{M*}=\frac{2\Delta^2\theta^2 z(\theta)(\phi-\beta c_m)^2}{(\theta(\beta\Delta^2-4\theta)-\beta\Delta^2 z(\theta))^2}-L_{A1}^{M*}$$

证明：零售商的最优化问题可以改写为如下形式：

$$\max_{m(\theta),L(\theta)}\int_{\underline{\theta}}^{\alpha_{A1}}g_0(\theta)d\theta+\Theta(\alpha_{A1})$$

$$\text{s. t.}\quad \dot{L}(\theta)=g_1(\theta)$$

$$\dot{m}(\theta)=g_2(\theta)=u_1$$

其中，

$$g_0(\theta):=\prod_R(\theta)f(\theta),\ g_1(\theta):=-\frac{2\theta(\phi-\beta c_m-\beta m(\theta))}{4\theta-b^2\beta}u_1$$

$g_2(\theta):=u_1$，$\Theta(\alpha_{A1}):=\prod_{\bar{R}}(1-F(\alpha_{A1}))$

该问题的协状态方程为：

$$\dot{\lambda}_1=-\left(\frac{\partial g_0(\theta)}{\partial L(\theta)}+\lambda_1\frac{\partial g_1(\theta)}{\partial L(\theta)}+\lambda_2\frac{\partial g_2(\theta)}{\partial L(\theta)}\right)=-f(\theta) \tag{4.6}$$

$$\begin{aligned}\dot{\lambda}_2&=-\left(\frac{\partial g_0(\theta)}{\partial m(\theta)}+\lambda_1\frac{\partial g_1(\theta)}{\partial m(\theta)}+\lambda_2\frac{\partial g_2(\theta)}{\partial m(\theta)}\right)\\&=\frac{2\theta(f(\theta)(-\beta c_m-2\beta m(\theta)+\phi)+\beta\lambda_1u_1)}{\beta\Delta^2-4\theta}\end{aligned} \tag{4.7}$$

该问题的最优化一阶条件为：

$$\frac{\partial g_0(\theta)}{u_1}+\lambda_1\frac{\partial g_1(\theta)}{u_1}+\lambda_2\frac{\partial g_2(\theta)}{u_1}=0 \tag{4.8}$$

由式（4.6）可以得到 $\lambda_1=-F(\theta)$。此外，由式（4.8）可以得到：

$$\lambda_2=\frac{2\theta_1(\beta c_m+\beta m(\theta)-\phi)}{\beta\Delta^2-4\theta}\lambda_1 \tag{4.9}$$

联立式（4.7）和式（4.9）可以得到 m_{A1}^{M*}。

由于制造商和零售商的利润 $\prod_M(\theta)$ 和 $\prod_R(\theta)$ 都是 θ 的单调减函数（在后面会进行验证），因此，如果在 $\theta=\alpha_{A1}$ 处零售商和制造商的个人理性约束得到满足的话，那么当 $\underline{\theta}\leqslant\theta\leqslant\alpha_{A1}$ 时，零售商和制造商的个人理性约束也会得到满足。令

$$K(\alpha_{A1})=\prod_M(\alpha_{A1})-\prod_{\bar{M}}=\frac{\alpha_{A1}(\beta c_m+\beta m(\alpha_{A1})-\phi)^2}{\beta(4\alpha_{A1}-\beta\Delta^2)}-L(\alpha_{A1})-\prod_{\bar{M}}$$

横截条件需要存在一个 t_1 使得

$$\lambda_1(\alpha_{A1})=\frac{\partial\Theta(\alpha_{A1})}{\partial L(\alpha_{A1})}+t_1\frac{\partial K(\alpha_{A1})}{\partial L(\alpha_{A1})}=-t_1 \tag{4.10}$$

$$\lambda_2(\alpha_{A1})=\frac{\partial\Theta(\alpha_{A1})}{\partial m(\alpha_{A1})}+t_1\frac{\partial K(\alpha_{A1})}{\partial m(\alpha_{A1})}=\frac{2t_1\alpha_{A1}(\phi-\beta c_m-\beta m(\alpha_{A1}))}{b^2\beta-4\alpha_{A1}} \tag{4.11}$$

$$
\begin{aligned}
&g_0(\alpha_{A1})+\lambda_1(\alpha_{A1})g_1(\alpha_{A1})+\lambda_2(\alpha_{A1})g_2(\alpha_{A1})\\
&-\prod{}_{\bar{R}}f(\alpha_{A1})+t_1\frac{\partial K(\alpha_{A1})}{\partial\alpha_{A1}}=0
\end{aligned}
\tag{4.12}
$$

其中，$t_1\geqslant 0$，$K(\alpha_{A1})\geqslant 0$，$t_1K(\alpha_{A1})=0$。

由式（3.10）可以得到 $t_1=F(\alpha_{A1})$。化简式（3.12）可以得到

$$
\frac{F(\alpha_{A1})L(\alpha_{A1})}{z(\alpha_{A1})}-\frac{F(\alpha_{A1})\prod_{\bar{R}}}{z(\alpha_{A1})}+\frac{\alpha_{A1}^2\Delta^2F(\alpha_{A1})(\beta c_m-\phi)^2}{(\alpha_{A1}\beta\Delta^2-4\alpha_{A1}^2-\beta\Delta^2z(\alpha_{A1}))^2}=0
\tag{4.13}
$$

由于假设 $z(\theta)$ 是关于 θ 的增函数，因此当 $\underline{\theta}<\alpha_{A1}<\bar{\theta}$ 时，$F(\alpha_{A1})>0$。进而化简式（4.13）可以得到 $L(\alpha_{A1})$。因为 $F(\theta)$ 在区间 $[\underline{\theta},\bar{\theta}]$ 上是一个单调不减函数，因此 $t_1>0$。又因为 $t_1K(\alpha_{A1})=0$，因此 $K(\alpha_{A1})=0$。联立式 $L(\alpha_{A1})$ 与 $K(\alpha_{A1})=0$ 可以得到式（4.5）。又因为 $\underline{\theta}<\alpha_{A1}<\bar{\theta}$，因此，$\alpha_{A1}^*=\alpha_{A1}\perp[\underline{\theta},\bar{\theta}]$。

为保证显示原理有效，需要 $\dot{m}\geqslant 0$，即 $\theta(4\theta-\beta\Delta^2)z'(\theta)+z(\theta)(\beta\Delta^2-8\theta)>0$。证毕。

命题4.1说明，两部定价合同菜单 $\{m_{A1}^{M*},L_{A1}^{M*}\}$ 可以揭露制造商的真实成本信息，实现对制造商回收运作的激励及对整体供应链利润的分配。进一步分析制造商的回收效率 θ 对均衡结果的影响，可得命题4.2。

命题4.2 当 $\theta\in[\underline{\theta},\alpha_{A1}^{M*}]$ 时，（1）随着 θ 的增加，边际收益 m_{A1}^{M*} 和零售价 p_{A1}^{M*} 都增加，但是转移支付 L_{A1}^{M*} 和回收率 τ_{A1}^{M*} 在不断减少；（2）随着 θ 的增加，零售商和制造商的利润在减少。

证明 （1）因为 $\dot{m}_{A1}^{M*}\geqslant 0$，$p_{A1}^{M*}=\dfrac{\beta\Delta^2\phi-2\beta\theta c_m-2\theta\phi-2\beta\theta m_{A1}^{M*}}{\beta^2\Delta^2-4\beta\theta}$ 和 $\tau_{A1}^{M*}=\dfrac{\Delta(\beta c_m+\beta m_{A1}^{M*}-\phi)}{\beta\Delta^2-4\theta}$，所以可以得到

$$
\frac{\partial p_{A1}^{M*}}{\partial\theta}=\frac{2\Delta^2(\phi-\beta c_m-\beta m_{A1}^{M*})}{(\beta\Delta^2-4\theta)^2}+\frac{2\theta\dot{m}_{A1}^{M*}}{4\theta-\beta\Delta^2}\geqslant 0
$$

$$\frac{\partial\tau_{A1}^{M*}}{\partial\theta}=\frac{4\Delta(\beta c_m+\beta m_{A1}^{M*}-\phi)}{(\beta\Delta^2-4\theta)^2}+\frac{\beta\Delta\dot{m}_{A1}^{M*}}{\beta\Delta^2-4\theta}\leqslant 0$$

同样的，可以证明 $\dot{L}_{A1}^{M*}\leqslant 0$。

（2）首先将 $\prod_{M,A1}^{M*}$ 和 $\prod_{R,A1}^{M*}$ 化简成为关于 m_{A1}^{M*} 和 L_{A1}^{M*} 的关系式，可得：

$$\prod_{R,A1}^{M*}=\frac{2\theta m_{A1}^{M*}(\beta c_m+\beta m_{A1}^{M*}-\phi)}{\beta\Delta^2-4\theta}+L_{A1}^{M*},\quad \prod_{M,A1}^{*}=\frac{\theta(\beta c_m+\beta m_{A1}^{M*}-\phi)^2}{\beta(4\theta-\beta\Delta^2)}-L_{A1}^{M*}$$

因为 $\dot{m}_{A1}^{M*}\geqslant 0$，所以 $\frac{\partial\prod_{R,A1}^{M*}}{\partial\theta}=\frac{2\beta\Delta^2 m_{A1}^{M*}(\beta c_m+\beta m_{A1}^{M*}-\phi)}{(\beta\Delta^2-4\theta)^2}+\frac{2\beta\theta m_{A1}^{M*}\dot{m}_{A1}^{M*}}{\beta\Delta^2-4\theta}<0$，$\frac{\partial\prod_{M,A1}^{M*}}{\partial\theta}=\frac{-\Delta^2(\beta c_m+\beta m_{A1}^{M*}-\phi)^2}{(\beta\Delta^2-4\theta)^2}<0$。证毕。

命题 4.2 揭示了随着制造商回收效率的降低，为了保证制造商报告真实的成本信息，零售商在设计两部定价合同菜单应该不断提高边际收益，进而导致产品的市场价格不断提高，这又加重了供应链中的双边际效应，最终导致零售商和制造商的利润减少，零售商能够从制造商处获取的转移支付也随之减少。此外，随着制造商回收效率的降低，即 θ 的增加，制造商的回收率也随之降低。命题 4.2 还说明当制造商的回收效率较低时，即 θ 较大时，两部定价合同菜单中的转移支付可能为负，因为 L_{A1}^{M*} 是 θ 的减函数且 $L(\alpha_{A1}^{M*})$ 可能为负，这说明当制造商为回收活动需要付出较高成本时，零售商会向制造商提供补贴。

比较引理 4.1 和命题 4.1，可以得到信息不对称对供应链成员最优决策的影响以及信息的价值，见命题 4.3。

命题 4.3　相比于信息对称情形，在不对称信息情形下：（1）当 $\underline{\theta}<\theta\leqslant\alpha_{A1}^{M*}$ 时，零售商的边际收益会提高（即 $m_{F1}^{M*}\leqslant m_{A1}^{M*}$），市场价格会提高（即 $p_{F1}^{M*}\leqslant p_{A1}^{M*}$），回收率会降低（即 $\tau_{F1}^{M*}\geqslant\tau_{A1}^{M*}$）；整个闭环供应链的利润减少（即 $\prod_{C,F1}^{M*}\geqslant\prod_{C,A1}^{M*}$），零售商的利润减少（$\prod_{R,F1}^{M*}\geqslant$

$\prod_{R,A1}^{M*}$），制造商的利润增加（即$\prod_{M,F1}^{M*} \leqslant \prod_{M,A1}^{M*}$）；零售商和制造商之间的交易机会减少（即 $\alpha_{F1}^{M*} \geqslant \alpha_{A1}^{M*}$）。

（2）当 $\theta = \underline{\theta}$ 时，两部定价菜单合同可以协调整个供应链，即 $\prod_{C,A1}^{M*} = \prod_{C,F1}^{M*} = \prod_{C}^{M*}$。

证明：因为 $m_{F1}^{M*} - m_{A1}^{M*} = -\dfrac{\Delta^2 z(\theta)(\phi - \beta c_m)}{\theta(4\theta - \beta\Delta^2) + \beta\Delta^2 z(\theta)} \leqslant 0$，所以 $m_{F1}^{M*} \leqslant m_{A1}^{M*}$。

因为 $p_{F1}^{M*} - p_{A1}^{M*} = \dfrac{2\Delta^2 \theta z(\theta)(\beta c_m - \phi)}{(\beta\Delta^2 - 4\theta)(\theta(\beta\Delta^2 - 4\theta) - \beta\Delta^2 z(\theta))} \leqslant 0$，所以 $p_{F1}^{M*} \leqslant p_{A1}^{M*}$。

因为 $\tau_{F1}^{M*} - \tau_{A1}^{M*} = \dfrac{\beta\Delta^3 z(\theta)(\phi - \beta c_m)}{(\beta\Delta^2 - 4\theta)(\theta(\beta\Delta^2 - 4\theta) - \beta\Delta^2 z(\theta))} \geqslant 0$，所以 $\tau_{A1}^{M*} \leqslant \tau_{F1}^{M*} \leqslant 1$。

因为$\prod_{C,F1}^{M*} - \prod_{C,A1}^{M*} = \dfrac{\beta\Delta^4 \theta z(\theta)^2 (\phi - \beta c_m)^2}{(4\theta - \beta\Delta^2)(\theta(\beta\Delta^2 - 4\theta) - \beta\Delta^2 z(\theta))^2} \geqslant 0$，所以$\prod_{C,F1}^{M*} \geqslant \prod_{C,A1}^{M*}$。

在信息对称情形下，制造商的利润是$\prod_{\bar{M}}$，但是在信息不对称情形下，制造商的利润是 θ 的单调递减函数，且在 $\theta = \alpha_{A1}^{*}$ 处获得保留利润，因此当 $\underline{\theta} < \theta < \alpha_{A1}^{M*}$ 时，制造商的利润大于$\prod_{\bar{M}}$，即$\prod_{M,F1}^{M*} = \prod_{\bar{M}} < \prod_{M,A1}^{M*}$。对于零售商的利润变化，可通过下列推导可得：$\prod_{R,A1}^{M*} = \prod_{C,A1}^{M*} - \prod_{M,A1}^{M*} \leqslant \prod_{C,F1}^{M*} - \prod_{M,A1}^{M*} \leqslant \prod_{C,F1}^{M*} - \prod_{M,F1}^{M*} = \prod_{R,F1}^{M*}$。因为零售商的利润由于信息不对称而减少，意味着零售商提供激励合同的动力也会减少，从而导致零售商和制造商之间的交易机会减少。

（3）当 $\theta = \underline{\theta}$ 时，$F(\theta) = 0$，因此 $z(\theta) = 0$，此时（1）部分的不等式取等号，因此，$\prod_{C,A1}^{M*} = \prod_{C,F1}^{M*} = \prod_{C}^{M*}$，即信息不对称的闭环供应链被协调。证毕。

命题 4.3 表明，当 $\theta=\underline{\theta}$ 时，零售商利用两部定价合同菜单不仅可以揭示制造商的真实成本信息，还可以协调整个闭环供应链。但是除此之外，信息不对称对整个闭环供应链的影响则主要表现为：提高零售商的边际收益、提高零售价、降低制造商的回收率、增加制造商的利润、降低零售商的利润和减少交易机会。原因在于零售商由于不知道制造商的回收成本信息，因此会设定一个较高的边际收益，进而导致零售价提高，从而加重了供应链的双边际效应，导致两部定价合同在信息不对称条件下不能协调这个闭环供应链。制造商由于拥有私有信息，因此可以从中获益。此外，在信息不对称情形下，零售商由于利润减少只会向更少类型的制造商提供激励合同，导致供应链内的交易机会减少。这说明制造商只向部分成本类型的制造商提供信息甄别合同是最优的。

对命题 4.3 中的部分结果对 Δ（回收再制造节约的单位生产成本）做敏感性分析，可得命题 4.4：

命题 4.4　$\frac{\partial(m_{A1}^{M*}-m_{F1}^{M*})}{\partial\Delta}\geqslant 0$，$\frac{\partial(p_{A1}^{M*}-p_{F1}^{M*})}{\partial\Delta}\geqslant 0$，$\frac{\partial(\tau_{A1}^{M*}-\tau_{F1}^{M*})}{\partial\Delta}\leqslant 0$，$\frac{\partial(\prod_{C,A1}^{M*}-\prod_{C,F1}^{M*})}{\partial\Delta}\leqslant 0$。

证明：因为

$$\frac{\partial(\prod_{C,A1}^{M*}-\prod_{C,F1}^{M*})}{\partial\Delta}=-\frac{2\beta\Delta^3\theta z(\theta)^2(\phi-\beta c_m)^2(\theta(\beta\Delta^2-4\theta)(\beta\Delta^2+8\theta)-\beta^2\Delta^4 z(\theta))}{(\beta\Delta^2-4\theta)^2(\theta(\beta\Delta^2-4\theta)-\beta\Delta^2 z(\theta))^3}\leqslant 0$$

同理可推导出命题 4.4 的其他部分，所以命题 4.4 得证。证毕。

命题 4.4 表明当回收再制造节约的单位生产成本 Δ 越大时，相比于对称信息情形，在不对称信息情形下，零售商的边际收益和产品的零售价提高得越多，回收率和供应链的利润降低得越多。这说明信息不对称对整个闭环供应链的影响会随着回收再制造节约的生产成本的增加而放大。

4.4 算例分析

为了更好地理解命题4.1中两部定价合同及其性质，以及不对称信息的影响，本节通过数值算例的方式对本章主要命题进行分析。假设θ服从均匀分布且本章中主要参数取值如下：$\phi=7$，$\beta=0.1$，$c_m=5$，$\Delta=3$，$\prod_{\bar{M}}=2$，$\prod_{\bar{R}}=107$。为保证$\tau_{F1}^{M*}\leqslant 1$及命题4.1中的前提条件得到满足，假设$\underline{\theta}=5.1$，$\bar{\theta}=10$，因此$f(\theta)=1/4.9$，$F(\theta)=(\theta-5.1)/4.9$，$z(\theta)=\theta-5.1$。基于上面的赋值及命题4.1中的结论可求得$\alpha_{A1}^{M*}=7.25$及$L(\alpha_{A1}^{M*})=104.97$，进而可求得$L_{A1}^{M*}$（因其表达式烦琐故省略）。进而变动$\theta$（$\theta=\{5.1, 5.5, 6.0, 6.5, 7.0, 7.25\}$）可得到回收效率对两部定价合同及其他均衡结果的影响，如表4-1所示。

表4-1　回收效率对两部定价合同及其他均衡结果的影响

θ	L_{A1}^{M*}	m_{A1}^{M*}	w_{A1}^{M*}	p_{A1}^{M*}	τ_{A1}^{M*}	$\prod_{M,A1}^{M*}$	$\prod_{R,A1}^{M*}$	$\prod_{C,A1}^{M*}$
5.1	107.03	0	36	36	1	3.47	107.03	110.50
5.5	106.35	0.20	36.02	36.22	0.92	3.100	107.029	110.129
6.0	105.75	0.38	36.05	36.43	0.84	2.72	107.02	109.74
6.5	105.34	0.50	36.09	36.59	0.77	2.40	107.004	109.404
7.0	105.07	0.58	36.14	36.72	0.71	2.12	107.003	109.123
7.25	104.97	0.61	36.16	36.77	0.69	2.00	107.00	109.00

首先，表4-1揭示了这个两部定价合同菜单的一个性质，即一个很低的边际收益（相比于零售价）和一个很高的转移支付（相比于利润）相结合。这说明零售商主要依赖于从转移支付中获取利润，而不依赖于从销售过程中获益，这样做实际有利于缓解供应链的双边际效

应，进而最大化供应链利润，最终零售商通过转移支付也能获取最大利润。其次，表 4－1 还对命题 4.2 进行了验证，即随着 θ 的增加，零售商收取的转移支付不断减少，边际收益不断增加，制造商的批发价不断增加，回收率不断减少，进而导致零售商和制造商的利润不断减少，整个闭环供应链的利润减少。需要注意的是，当 θ 一直增加直到 7.25 时，零售商和制造商的利润会不断减少直至其保留利润，此时，若 θ 再增加，零售商和制造商之间的交易将会停止，否则他们获取的利润会少于其保留利润。

进一步比较闭环供应链在信息对称和信息不对称两种情形下的均衡结果，可得到回收成本信息不对称对闭环供应链的影响，如表 4－2 所示。

表 4－2　　回收成本信息不对称对闭环供应链的影响

θ	$m_{F1}^{M*}-m_{A1}^{M*}$	$w_{F1}^{M*}-w_{A1}^{M*}$	$p_{F1}^{M*}-p_{A1}^{M*}$	$\tau_{F1}^{M*}-\tau_{A1}^{M*}$	$\prod_{M,F1}^{M*}-\prod_{M,A1}^{M*}$	$\prod_{R,F1}^{M*}-\prod_{R,A1}^{M*}$	$\prod_{C,F1}^{M*}-\prod_{C,A1}^{M*}$
5.1	0	0	0	0	−1.470	1.470	0
5.5	−0.20	0.10	−0.10	0.003	−1.100	1.101	0.001
6.0	−0.38	0.18	−0.20	0.005	−0.719	0.722	0.003
6.5	−0.50	0.24	−0.26	0.0060	−0.402	0.408	0.006
7.0	−0.58	0.28	−0.30	0.0064	−0.122	0.130	0.008
7.25	−0.61	0.30	−0.32	0.0065	0.000	0.009	0.009

表 4－2 首先对命题 4.3 进行了验证，即对任一给定的回收效率 $\theta(5.1<\theta\leqslant 7.25)$，回收成本信息不对称会使边际收益提高，零售价提高，回收率降低，闭环供应链和零售商的利润减少，制造商的利润增加。当 $\theta=5.1$，从表 4－2 中可以看出，$\prod_{C,F1}^{M*}=\prod_{C,A1}^{M*}$，这说明当 $\theta=\underline{\theta}$ 时，两部定价合同也能协调这个存在信息不对称的闭环供应链，此

外，两种情形下的决策变量结果相同，但是制造商的利润增加而零售商的利润减少。表4－2还反映出随着θ的增加，制造商获取的信息租金（$\prod_{M,A1}^{M*}-\prod_{M,F1}^{M*}$）呈现递减的趋势。与此同时，闭环供应链损失的利润不断增加，但是损失的利润都很少，损失的比例也很小$\left(\frac{(\prod_{C,F1}^{M*}-\prod_{C,A1}^{M*})}{\prod_{C,F1}^{M*}}\right)$，这说明两部定价合同接近协调了这个存在信息不对称的闭环供应链。

为了验证再制造节约的单位成本对信息不对称影响的放大作用，此时保持其他参数赋值不变，且令$\theta=6.1$，变动$\Delta(\Delta=\{0.5, 1.0, 1.5, 2.0, 2.5, 3.0\})$可以得到表4－3。

表4－3　再制造节约的单位成本对信息不对称影响的影响

Δ	$m_{F1}^{M*}-m_{A1}^{M*}$	$p_{F1}^{M*}-p_{A1}^{M*}$	$\tau_{F1}^{M*}-\tau_{A1}^{M*}$	$\prod_{C,F1}^{M*}-\prod_{C,A1}^{M*}$
0.5	－0.01	－0.005	0.00002	0.000003
1.0	－0.04	－0.02	0.0002	0.00005
1.5	－0.10	－0.05	0.0006	0.0003
2.0	－0.18	－0.09	0.0015	0.001
2.5	－0.28	－0.14	0.0029	0.002
3.0	－0.41	－0.21	0.0052	0.004

表4－3一方面对命题4.4的结论进行了验证；另一方面进一步说明两部定价合同能近似协调这个存在信息不对称的闭环供应链，因为两种情形下的利润差非常小，并且再制造节约的单位成本越小，两种情形下的利润差也越小，两部定价合同也就越接近协调这个闭环供应链。

4.5 本章小结

本章在一个制造商从事回收再制造的闭环供应链中研究当制造商的回收成本信息是不对称时，零售商如何运用一个两部定价合同来揭露制造商的真实成本信息、激励制造商从事回收再制造活动并最大化自己的利润。研究发现，在信息对称情形下，两部定价合同可以协调闭环供应链。在信息不对称情形下，零售商运用一个两部定价合同菜单可以让制造商说出自己的真实成本信息、并影响制造商的回收率。当制造商的回收效率降低时，这个两部定价合同菜单中的边际收益会增加，转移支付会降低，此外，制造商的回收率、零售商和制造商的利润也都会降低；当制造商的回收效率降低到一个阈值时，零售商和制造商之间将不会有交易活动。不对称的回收成本信息会使制造商通过获得信息租金从而增加利润，但是，整个闭环供应链和零售商的利润则会因此而减少。但是有一个例外，即制造商的回收效率等于零售商认为的最高水平时，此时两部定价合同菜单可以协调整个供应链。

本章和第 3 章分别在不同回收模式的闭环供应链中，研究回收成本信息不对称时的最优合同设计问题，但是都没有考虑到政府的回收法规的影响。因此，在下一章会考虑存在政府对回收活动的奖惩机制时，信息不对称的闭环供应链如何进行合同设计问题。

第5章　政府奖惩下信息甄别模型

5.1 引　言

本章在第3章和第4章的基础上考虑到各国政府相继出台回收法规，旨在研究政府的回收法规如何影响供应链成员在面临信息不对称时的合同设计。

随着科学技术的发展和消费者对各类电子产品需求的增加，世界各国每年报废的电子产品数量也在不断增加。如在我国，2012年理论报废的电视机、电冰箱、洗衣机、个人电脑等电子产品多达7000多万台，而仅有2000多万台经过拆解处理（徐红，2014）。为发展循环经济、实现人类社会可持续发展，世界各国相继出台了带有奖惩性质的回收法规，以要求生产企业对废旧产品进行回收再制造。如2005年欧盟颁布实施的《废弃电子与电器产品处理条令》（WEEE）、德国通过的《关于防止电子产品废物产生和再利用法（草案）》以及日本施行的《特定家用电器再商品化》都明确规定电子产品生产者和分销商有回收电子产品和再利用的义务。另外，在中国，2011年我国正式实施了《废弃电器电子产品回收处理管理条例》，该条例鼓励电子类产品（包括电视、冰箱、洗衣机、空调和电脑）制造商积极承担回收再制造废旧产品的责任。此外，国家建立废弃电器电子产品处理基金，用于废弃电器电子产品回收处理费用的补贴。电器电子产品生产者、进口电器电子产品的收货人或者其代理人应当按照规定履行废弃电器电子产品处理基金的缴纳义务（王文宾、邓雯雯，2016）。

近十年来，已有一些学者在研究闭环供应链时考虑到政府回收奖惩法规的影响。如王文宾和达庆利（2010）在电子类产品逆向供应链中，研究了政府奖惩机制对产品定价、废旧产品回收率及供应链成员利润的影响。王文宾和达庆利（2013）在具有竞争制造商的闭环供应链中，主要研究了政府奖惩机制下制造商的回收决策问题。李新然等（2014）在制造商依赖零售商回收的闭环供应链中，研究了政府奖惩机制对不同权力结构闭环供应链下的均衡结果的影响。余福茂和徐玉军（2014）在零售商是领导者的闭环供应链中，研究了政府奖惩机制对供应链成员最优决策及利润的影响。王文宾和邓雯雯（2016）在逆向供应链中从提高回收率角度对政府奖惩机制和税收—补贴机制进行了比较分析，并发现政府奖惩机制更有效。需要指出的是，上述文献在政府奖惩机制下研究闭环供应链时均未考虑回收成本信息是不对称情形。

综上所述，本章主要在制造商依赖零售商回收和制造商直接回收的两种闭环供应链中，考虑到政府的奖惩机制，当回收成本信息不对称时，研究制造商或零售商如何进行信息甄别合同设计问题，并重点探讨政府奖惩机制如何对每种回收模式下的最优合同设计以及其他均衡结果产生影响。

5.2 制造商依赖零售商回收模型

5.2.1 模型描述和假设

本节主要考察制造商依赖零售商回收的闭环供应链模型，其中零售商的回收成本信息是不对称信息。本章沿用第 3 章对于此种模型的描述和假设以及对信息不对称的描述和假设。并在此基础上，进一步考虑了政府奖惩机制的影响，具体地，出于对可持续发展的考虑，政府为制造商制定一个对废旧产品的回收标准 τ_0，当制造商实际的回收率 τ 大于回收标准 τ_0 时，对于高出回收标准的部分，政府会给予制造商 $t_\alpha(\tau-\tau_0)$ 的奖励，其中 t_α 表示政府的奖励力度；当制造商实际的回收率 τ 小于回收标准 τ_0 时，对于未达到回收标准的部分，政府会给予制造商 $t_\beta(\tau_0-\tau)$ 的惩罚，其中 t_β 表示政府的惩罚力度。为分析方便，参考王文宾和达庆利（2010）、王文宾和邓雯雯（2016），假设政府的奖励力度和惩罚力度相同，即 $t_\alpha=t_\beta=t$。

本节主要考察两部定价合同菜单 $\{w(\theta),L(\theta)\}$，即制造商对于零售商每单位订购量收取一个批发价 $w(\theta)$，另外还会收取一个固定的转移支付 $L(\theta)$。制造商的目标是通过设计一个最优的两部定价合同菜单，实现对零售商不对称信息的揭露的同时实现自己的利润最大化。

制造商和零售商之间的博弈顺序与第 3 章的相同。为区别于第 3 章的均衡结果，本节的均衡结果用上标 G 表示。

5.2.2 模型求解与分析

在上述描述和假设的基础上，首先分析该闭环供应链的集中化决策模型，作为一个基准模型。该闭环供应链集中化决策下的最优化问题为：

$$\max_{p,\tau}\prod_{C}^{G}=(\phi-\beta p)(p-c_m+\tau\Delta)-\theta\tau^2+t(\tau-\tau_0)$$

为保证集中化决策下供应链利润 $\prod_C^G$ 是关于 p 和 τ 联合凹函数，需要假设 $\theta>\beta\Delta^2/4$。联立求解 $\prod_C^G$ 关于 p 和 τ 的一阶偏导数可以得到该闭环供应链集中化决策下的最优零售价和回收率：

$$p^{G*}=\frac{\beta\Delta^2\phi-2\beta\theta c_m-2\theta\phi+\beta\Delta t}{\beta^2\Delta^2-4\beta\theta},\ \tau^{G*}=\frac{\Delta\phi-\beta\Delta c_m+2t}{4\theta-\beta\Delta^2}$$

以及相应的利润：

$$\prod_{C}^{G*}=\frac{\theta(\phi-\beta c_m)^2}{\beta(4\theta-\beta\Delta^2)}+\frac{t^2+t\Delta(\phi-\beta c_m)}{4\theta-\beta\Delta^2}-t\tau_0$$

为保证回收率符合实际，即 $0\leqslant\tau^{G*}\leqslant1$，需进一步假设 $\theta\geqslant(\beta\Delta^2+\Delta\phi-\beta\Delta c_m+2t)/4$。

接下来分析信息对称、分散式决策情形（简记为情形 F1）。给定制造商提供的合同 $\{w, L\}$，零售商最优化他的利润 $\prod_{R,F1}^G$，可以得到相应的最优反应函数 p_{F1}^{G*} 和 τ_{F1}^{G*}。此时制造商的目标是通过运用合同 $\{w, L\}$ 最大化整个供应链的利润，然后通过转移支付 L 的方式保证零售商获得等于其保留利润的收益 $\prod_{\bar{R}}$，进而，制造商可以获得最大的利润分配。因此，制造商的最优化问题为

$$M_{F1}^G:\ \max_{w,L}\prod_{C,F1}^{G}=(\phi-\beta p_{F1}^{G*})(p_{F1}^{G*}-c_m+\Delta\tau_{F1}^{G*})-\theta(\tau_{F1}^{G*})^2+t(\tau_{F1}^{G*}-\tau_0)$$

$$\text{s.t.}\quad (p_{F1}^{G*},\ \tau_{F1}^{G*})=\arg\max_{p,\tau}\prod_{R,F1}^{G}$$

$$\prod_{R,F1}^{G}=(\phi-\beta p)(p-w+b\tau)-\theta\tau^2-L\geqslant\prod_{\bar{R}}$$

通过求解问题 M_{F1}^G，可以得到考虑政府奖惩机制时，制造商在对称信息下的最优合同，见引理 5.1。相关证明可参见引理 3.1 的证明。

引理 5.1　考虑政府奖惩机制时，在对称信息下：

（1）制造商提供的最优合同如下：

$$w_{F1}^{G*}=\frac{2\theta(2b^2\phi-2b\Delta\phi-\beta b^2c_m+4\theta c_m)-bt(4\theta-b^2\beta)}{2\theta(\beta b^2-2\beta b\Delta+4\theta)}，L_{F1}^{G*}=\prod_{C,F1}^{G*}-\prod_{\bar{R}}$$

其中，

$$\prod_{C,F1}^{G*}=\frac{\theta(\phi-\beta c_m)^2}{\beta(b^2\beta-2b\beta\Delta+4\theta)}+\frac{b^2\beta t^2-4\theta t(\beta b^2\tau_0-2\beta b\Delta\tau_0+\beta bc_m-b\phi+4\theta\tau_0)}{4\theta(\beta b^2-2\beta b\Delta+4\theta)}$$

交易终止点 $\alpha_{F1}^{G*}=\alpha_1\perp[\underline{\theta},\ \bar{\theta}]$，其中 α_1 是方程 $\prod_{\bar{M}}+\prod_{\bar{R}}=\prod_{C,F1}^{G*}$的解。

（2）零售商的最优决策如下：

$$p_{F1}^{G*}=\frac{\beta b^2\phi-2\beta b\Delta\phi+2\beta\theta c_m+2\theta\phi-\beta bt}{\beta(\beta b^2-2\beta b\Delta+4\theta)}，\tau_{F1}^{G*}=\frac{b^2\beta t-2\theta b(\beta c_m-\phi)}{2\theta(\beta b^2-2\beta b\Delta+4\theta)}$$

（3）制造商利润和零售商利润分别如下：$\prod_{M,F1}^{G*}=\prod_{C,F1}^{G*}-\prod_{\bar{R}}$，$\prod_{R,F1}^{G*}=\prod_{\bar{R}}$。

引理 5.1 说明，与不存在政府奖惩机制时类似，存在政府奖惩机制时，两部定价合同仍然不能协调信息对称情形下的闭环供应链，因为

$$\prod_{C}^{G*}-\prod_{C,F1}^{G*}=\frac{(2\beta\theta(\Delta-b)c_m+2b\theta\phi+b\beta\Delta k-2\Delta\theta\phi-4\theta k)^2}{4\theta(4\theta-\beta\Delta^2)(\beta b^2-2\beta b\Delta+4\theta)}>0$$

此外，政府奖惩机制总是有助于废旧产品回收的，并且政府的奖惩力度越大，废旧产品的回收率越大。

接下来研究在信息不对称条件下，制造商的最优合同菜单设计问题（简记为情形 A1）。由于政府的奖惩机制直接对制造商的利润产生影响，而零售商的决策不受影响，因此，零售商在有无奖惩机制下的决策是一样的。参考第 3 章的求解方法，可以得到在两部定价合同菜单 $\{w(\theta),\ L(\theta)\}$ 下，促使零售商真实报告其回收成本信息的激励相容约束（IC）：

$$L'(\theta)=-\frac{2\theta(\phi-\beta w(\theta))w'(\theta)}{4\theta-b^2\beta}$$

和零售商的最优反应函数：

$$p_{A1}^{G*}=\frac{2\beta\theta w(\theta)-b^2\beta\phi+2\theta\phi}{4\theta\beta-b^2\beta^2},\ \tau_{A1}^{G*}=\frac{b(\phi-w(\theta)\beta)}{4\theta-b^2\beta} \tag{5.1}$$

以及零售商获得的利润：

$$\prod\nolimits_{R,A1}^{G*}=-\frac{\theta(\phi-\beta w(\theta))^2}{\beta(b^2\beta-4\theta)}-L(\theta)$$

基于上述结果，对于某一给定的零售商回收成本系数 θ，制造商获得的利润经化简为：

$$\prod\nolimits_{M}^{G}(\theta)=\frac{2\theta(\phi-\beta w(\theta))((b^2\beta-4\theta)c_m+b\phi(\Delta-b)+w(\theta)(4\theta-b\beta\Delta))}{(b^2\beta-4\theta)^2}$$

$$-\frac{bt(\phi-\beta w(\theta))}{b^2\beta-4\theta}-t\tau_0+L(\theta)$$

由于制造商不能准确观测零售商的回收成本系数 θ，但知道 θ 在区间 $[\underline{\theta},\ \bar{\theta}]$ 的先验分布函数 $F(\theta)$ 和连续概率密度函数 $f(\theta)$，且当制造商获取的利润低于其保留利润时制造商就不会与零售商进行交易。因此制造商的最优化问题可以描述如下

$$M_{A1}^{G}:\max_{w(\theta),L(\theta),\alpha_{A1}}\int_{\underline{\theta}}^{\alpha_{A1}}\prod\nolimits_{M}^{G}(\theta)f(\theta)d\theta+\int_{\alpha_{A1}}^{\bar{\theta}}\prod\nolimits_{\bar{M}}f(\theta)d\theta \tag{5.2}$$

$$\text{s.t.}\quad IC:\ \dot{L}(\theta)=-\frac{2\theta(\phi-\beta w(\theta))}{4\theta-b^2\beta}\dot{w}(\theta) \tag{5.3}$$

$$IR:\ \prod\nolimits_{R,A1}^{G*}\geqslant\prod\nolimits_{\bar{R}} \tag{5.4}$$

对最优化问题 M_{A1}^{G} 的进一步描述如下：式（5.2）是制造商的目标函数，因为 θ 是制造商未知的，所以需要对 $\prod_{M}^{G}(\theta)$ 求期望。式（5.2）中的 α_{A1} 代表可变终止点，在这一点，$\prod_{M}(\alpha_{A1})=\prod_{\bar{M}}$，又由于 $\prod_{M}(\theta)$ 是关于 θ 的单调递减函数（在下面会有证明），因此，制造商的目标函数用式（5.2）刻画；式（5.3）是激励相容约束，以保证零

售商真实报告其回收成本信息；式（5.4）是零售商的个人理性约束，以保证零售商参与。

参考第三章对最优化问题 M_{A1} 的求解方法求解最优化问题 M_{A1}^{G}，可得命题5.1。令 $z(\theta)=F(\theta)/f(\theta)$，且假设 $z(\theta)$ 是关于 θ 的增函数。

命题5.1 考虑政府奖惩机制时，在不对称信息下：

（1）制造商的最优合同菜单如下：

$$w_{A1}^{G*}=\frac{b(\beta b^{2}k+4b\theta\phi+2b\phi z(\theta)-4\theta(\Delta\phi+k))-2\theta c_{m}(b^{2}\beta-4\theta)}{2(\theta(\beta b^{2}-2\beta b\Delta+4\theta)+\beta b^{2}z(\theta))}$$

L_{A1}^{G*} 满足下面等式

$$\frac{\partial L_{A1}^{G*}}{\partial\theta}=\frac{-2\theta^{2}(\phi-\beta c_{m})}{\theta(b^{2}\beta-2b\beta\Delta+4\theta)+b^{2}\beta z(\theta)}\frac{\partial w_{A1}^{G*}}{\partial\theta}，且$$

$$L(\alpha_{A1}^{G*})=\prod_{\bar{M}}-\frac{b(2\phi\alpha_{A1}^{*}-2\beta c_{m}\alpha_{A1}^{*}+b\beta t)^{2}(2\alpha_{A1}^{*}(b-\Delta)+bz(\alpha_{A1}^{*}))}{4(4\alpha_{A1}^{*}+\beta b^{2}z(\alpha_{A1}^{*})+\beta b\alpha_{A1}^{*}(b-2\Delta))^{2}}+t\tau_{0}$$

交易终止点 $\alpha_{A1}^{G*}=\alpha_{A1}\perp[\underline{\theta},\ \bar{\theta}]$，其中 α_{A1} 是下列方程的解

$$\prod_{\bar{M}}+\prod_{\bar{R}}=\frac{(2\alpha_{A1}(\phi-\beta c_{m})+b\beta t)^{2}}{4\beta(4\alpha_{A1}^{2}+\beta b^{2}z(\alpha_{A1})+\beta b\alpha_{A1}(b-2\Delta))}-t\tau_{0}$$

（2）零售商的最优决策如下：

$$p_{A1}^{G*}=\frac{\theta(\beta b^{2}\phi-\beta b(2\Delta\phi+t)+2\theta\phi)+\beta b^{2}\phi z(\theta)+2\beta\theta^{2}c_{m}}{\beta(\theta(\beta b^{2}-2\beta b\Delta+4\theta)+\beta b^{2}z(\theta))}$$

$$\tau_{A1}^{G*}=\frac{b(b\beta t-2\beta\theta c_{m}+2\theta\phi)}{2(\theta(\beta b^{2}-2\beta b\Delta+4\theta)+\beta b^{2}z(\theta))}$$

（3）制造商和零售商的利润如下：

$$\prod_{M,A1}^{G*}=\frac{b(b\theta+bz(\theta)-\Delta\theta)(b\beta t-2\beta\theta c_{m}+2\theta\phi)^{2}}{2(\beta b^{2}\theta+\beta b^{2}z(\theta)-2\beta b\Delta\theta+4\theta^{2})^{2}}-t\tau_{0}+L_{A1}^{G*}$$

$$\prod_{R,A1}^{G*}=-\frac{\theta(b^{2}\beta-4\theta)(b\beta t-2\beta\theta c_{m}+2\theta\phi)^{2}}{4\beta(\theta(\beta b^{2}-2\beta b\Delta+4\theta)+\beta b^{2}z(\theta))^{2}}-L_{A1}^{G*}$$

进一步分析零售商回收效率对均衡结果的影响，可得推论5.1。此处证明与第3章命题3.2的证明类似，故在此略去。

推论 5.1　当 $\theta \in [\underline{\theta}, \alpha_{A1}^{G*}]$ 时，

（1）$\frac{\partial w_{A1}^{G*}}{\partial \theta} > 0$，$\frac{\partial L_{A1}^{G*}}{\partial \theta} < 0$，$\frac{\partial p_{A1}^{G*}}{\partial \theta} > 0$，$\frac{\partial \tau_{A1}^{G*}}{\partial \theta} < 0$；

（2）$\frac{\partial \prod_{M,A1}^{G*}}{\partial \theta} < 0$，$\frac{\partial \prod_{R,A1}^{G*}}{\partial \theta} < 0$。

推论 5.1 说明，随着零售商回收效率的降低，两部定价合同菜单中的批发价 w_{A1}^{G*} 会增加，转移支付 L_{A1}^{G*} 会不断减少。此外，零售商的零售价 p_{A1}^{G*} 会增加，回收率 τ_{A1}^{G*} 会不断减少。作为结果，制造商和零售商的利润也会减少。

比较引理 5.1 和命题 5.1，可以得到存在政府奖惩机制时，信息不对称对供应链成员最优决策的影响以及信息的价值，见推论 5.2。

推论 5.2　（1）$w_{A1}^{G*} - w_{F1}^{G*} > 0$，$p_{A1}^{G*} - p_{F1}^{G*} > 0$，$\tau_{A1}^{G*} - \tau_{F1}^{G*} < 0$；

（2）$\prod_{C,A1}^{G*} - \prod_{C,F1}^{G*} < 0$，$\prod_{M,A1}^{G*} - \prod_{M,F1}^{G*} < 0$，$\prod_{R,A1}^{G*} - \prod_{R,F1}^{G*} > 0$。

推论 5.2 表明，在政府出台奖惩机制后，不对称的回收成本信息仍然会使制造商提高批发价，零售商提高零售价和降低回收率。制造商和整个闭环供应链的利润因为不对称的回收成本信息而减少，零售商的利润因此而增加。

接下来分析政府奖惩机制对制造商合同设计以及其他均衡结果的影响，见命题 5.2。

命题 5.2　（1）随着政府奖惩力度 t 的增加，批发价 w_{A1}^{G*} 和零售价 p_{A1}^{G*} 会减少，回收率 τ_{A1}^{G*} 会不断增加。（2）对于一个较高的回收标准，即 $\tau_1 < \tau_0 \leqslant 1$，当 $0 \leqslant t < t_1$ 时，随着政府奖惩力度 t 的增加，整个供应链的利润会减少，当 $t \geqslant t_1$ 时，随着 t 的增加，整个供应链的利润会增加；对于一个较低的回收标准，即 $0 < \tau_0 \leqslant \tau_1$，当 $t \geqslant 0$ 时，随着政府奖惩力度 t 的增加，整个供应链的利润也会增加。其中，

$$\tau_1 = \frac{b\theta(\phi - \beta c_m)(\theta(\beta b^2 - 2\beta b\Delta + 4\theta) + 2\beta b^2 z(\theta))}{(\theta(\beta b^2 - 2\beta b\Delta + 4\theta) + \beta b^2 z(\theta))^2}$$

$$t_1=\frac{2\tau_0(\beta b^2\theta+\beta b^2 z(\theta)-2\beta b\Delta\theta+4\theta^2)^2}{b^2\beta(\beta b^2\theta+2\beta b^2 z(\theta)-2\beta b\Delta\theta+4\theta^2)}+\frac{2\theta(\beta c_m-\phi)}{b\beta}$$

证明：①通过对 w_{A1}^{G*}，p_{A1}^{G*} 和 τ_{A1}^{G*} 求关于 t 的偏导数可以得到：

$$\frac{\partial w_{A1}^{G*}}{\partial t}=\frac{b^3\beta-4b\theta}{2\beta b^2\theta+2\beta b^2 z(\theta)-4\beta b\Delta\theta+8\theta^2}<0$$

$$\frac{\partial p_{A1}^{G*}}{\partial t}=\frac{-b\theta}{\theta(\beta b^2-2\beta b\Delta+4\theta)+\beta b^2 z(\theta)}<0$$

$$\frac{\partial \tau_{A1}^{G*}}{\partial t}=\frac{b^2\beta}{2(\theta(\beta b^2-2\beta b\Delta+4\theta)+\beta b^2 z(\theta))}>0$$

因此可以得到（1）中的结论。

②容易得到 $\frac{\partial^2\prod_{C,A1}^{G*}}{\partial t^2}>0$，因此 $\prod_{C,A1}^{G*}$ 是关于 t 的凸函数。又由 $\frac{\partial\prod_{C,A1}^{G*}}{\partial t}=0$ 可以得到 $t=t_1$。当 $\tau_1<\tau_0\leqslant1$ 时，$t_1>0$，当 $0<\tau_0\leqslant\tau_1$ 时，$t_1<0$。又因为政府的奖惩力度 t 不小于零，通过进一步验证可以得到命题 5.2（2）中的结论。证毕。

由于政府的奖惩机制直接影响制造商的利润，当政府的奖惩力度加大时，制造商倾向于一个较高的回收率，又由于制造商的回收活动依赖于零售商，因此，制造商需要通过两部定价合同来影响零售商的回收活动。由零售商的最优反应函数（见式（5.1））可知，为提高零售商的回收率，制造商需要制定一个较低的批发价，零售商的零售价也因此而降低。这很好地解释了命题 5.2（1）中的结论。

命题 5.2（2）表明，政府制定的回收标准和奖惩力度都会对整个供应链的利润产生影响，并且在不同回收标准下，奖惩力度对整个供应链的利润的影响也会不同。当政府制定的回收标准较低时，政府奖惩力度的增加会提高整个供应链的利润。这主要是因为较低的回收标准使得闭环供应链较容易达到要求，加上奖惩力度的作用下，整个闭环供应链的回收率会超过政府制定的回收标准，政府的奖惩机制实际上是对闭环供应链的奖励机制。因此，奖惩力度越大，制造商获得的奖励就越多，整个供应链的利润就越大。当政府制定的回收标准较高时，闭环供应链很难达到，政府的奖惩机制此时对闭环供应链来说是惩罚机制，因此，随着惩罚力度的加大，闭环供应链接受的惩罚就越多，因此其利润会减少。又因为零售商的回收率会随着惩罚力度的加大而增加，因此当惩罚力度增加到一定程度时，闭环供应链的回收率会达到标准以致超过标准，此时奖惩机制对闭环供应链表现为奖励机制，闭环供应链的利润也随之而增加。

关于政府奖惩机制对于两部定价合同中的转移支付和闭环供应链成员利润的影响，由于其表达式非常复杂，因此会在 5.4 节中借助数值算例方式进行分析。

通过对比命题 5.1 和第 3 章命题 3.1 中的均衡结果，可以得到奖惩机制的出台对制造商合同设计以及其他均衡结果的影响。命题 5.3 对此进行了归纳。

命题 5.3　(1) 政府奖惩机制的出台会使制造商降低批发价，零售商降低零售价并提高回收率。(2) 若政府制定的回收标准较高，即 $\tau_1<\tau_0\leqslant 1$，当奖惩力度较小，即 $0\leqslant t<t_2(t_2=2t_1)$ 时，政府出台的奖惩机制会使整个供应链的利润减少，当奖惩力度较大，即 $t\geqslant t_2$ 时，政府出台的奖惩机制会使整个供应链的利润增加；若政府制定较低的回收标准，即 $0<\tau_0\leqslant\tau_1$，无论奖惩力度是大还是小，整个供应链的利润都会增加。

证明：①通过比较有无奖惩机制下的最优解可以得到：

$$w_{A1}^{G*}-w_{A1}^{R*}=\frac{bk(b^2\beta-4\theta)}{2(\theta(\beta b^2-2\beta b\Delta+4\theta)+\beta b^2 z(\theta))}<0$$

$$p_{A1}^{G*}-p_{A1}^{R*}=-\frac{b\theta k}{\theta(\beta b^2-2\beta b\Delta+4\theta)+\beta b^2 z(\theta)}<0$$

$$\tau_{A1}^{G*}-\tau_{A1}^{R*}=\frac{b^2\beta k}{2\beta b^2\theta+2\beta b^2 z(\theta)-4\beta b\Delta\theta+8\theta^2}>0$$

②由$\prod_{C,A1}^{G*}-\prod_{C,F1}^{R*}=0$可以得到：$t=0$或$t=t_2$，其中$\prod_{C,F1}^{R*}$与$t$无关，结合命题5.2（2）的证明里对$\prod_{C,A1}^{G*}$与$t$的关系的刻画，可以得到命题5.3（2）中的结论。证毕。

命题5.3（1）揭示了政府的奖惩机制总是有助于提高废旧产品回收率的，进而有助于社会可持续发展。因为在政府奖惩机制下，对于制造商而言，回收率是越高越好，这样可以少缴纳罚金或是可以获得奖励。而在制造商依赖零售商回收的闭环供应链中，能促使零售商提高回收率的直接方法就是降低产品的批发价，进而降低零售商的订货成本，零售商也就越有动力进行回收活动。考虑到双边际效应对供应链是有害的，当制造商降低批发价后，零售商也会降低零售价。

尽管政府奖惩机制的出台总是能提高废旧产品的回收率，但是命题5.3（2）部分表明政府奖惩机制的出台可能会对整个闭环供应链有害。例如，当政府制定的回收标准较高且奖惩力度较小时。此时，整个供应链很难达到政府要求，因此需要权衡回收成本和惩罚成本，由于奖惩力度较小，而回收成本随着回收率的提高越来越大，因此，整个供应链宁愿接受惩罚而不会使回收率达到要求。除此之外，政府奖惩机制的出台可以提高整个供应链的利润。当政府制定的回收标准较低时，整个供应链很容易达到，因此可以获得额外的奖励；当政府制定的回收标准较高且奖惩力度较大时，由于不达到政府要求会受到很大的惩罚，而达到要求则会有较大的奖励，因此整个供应链倾向于达到政府要求，因此也可以获得政府额外的奖励。又因为政府奖惩机制的出台可以提高制造商对废旧产品的回收再利用率，因此此时整个社会和整个供应链都能从政府奖惩机制中获益。

5.3　制造商直接回收模型

5.3.1　模型描述和假设

本节主要考察制造商直接回收的闭环供应链模型，其中制造商的回收成本信息是不对称信息。本章沿用第4章对于此种模型的描述和假设以及对信息不对称的描述和假设。并在此基础上，进一步考虑政府奖惩机制的影响。对于政府的奖惩机制，具体的描述和假设与上一节保持一致，故在此略去。

沿用第4章中使用的合同形式，本节主要考察两部定价合同菜单 $\{m(\theta),\ L(\theta)\}$，即零售商对于每单位销售量赚取一个边际收益 $m(\theta)$，同时还向制造商收取一个固定的转移支付 $L(\theta)$。零售商的目标是在政府出台奖惩机制后，通过设计一个最优的两部定价合同菜单，实现对制造商不对称信息的揭露以及激励、同时实现自己的利润最大化。制造商和零售商之间的博弈顺序沿用第4章的描述。为区别于第4章的均衡结果，本节的均衡结果用上标 g 表示。

5.3.2　模型求解与分析

首先分析对称信息、分散式决策的闭环供应链模型。在此模型中，给定零售商提供的合同 $\{m,\ L\}$，制造商最优化其的利润 $\prod_{M,F1}^{g}$，可以得到制造商的最优反应函数 $w_{F1}^{g^*}$ 和 $\tau_{F1}^{g^*}$。此时零售商的目标是通过运用合同 $\{m,\ L\}$ 最大化整个供应链的利润，然后通过转移支付 L 保证制造商获得等于其保留利润的收益 $\prod_{\bar{M}}$，进而，零售商可以获得最大的利

润。因此，零售商的最优化问题为

$$R_{F1}^{g}: \max_{m,L} \prod_{C,F1}^{g} = (\phi - \beta(w_{F1}^{g^*} + m))((w_{F1}^{g^*} + m) - c_m + \Delta\tau_{F1}^{g^*}) - \theta\tau_{F1}^{g^*2} + t(\tau_{F1}^{g^*} - \tau_0)$$

$$\text{s. t.} \quad (w_{F1}^{g^*}, \tau_{F1}^{g^*}) = \arg\max_{w,\tau} \prod_{M,F1}^{g}$$

$$\prod_{M,F1}^{g} = (\phi - \beta(w + m))(w - c_m + \Delta\tau) - \theta\tau^2 + t(\tau - \tau_0) - L(\theta) \geqslant \prod_{\bar{M}}$$

参考引理 3. 1 对此类问题的求解方法求解问题 R_{F1}^{g}，可以得到引理 5. 2。

引理 5. 2 考虑政府奖惩机制时，在对称信息下：

（1）零售商提供的最优合同如下：$m_{F1}^{g^*} = 0$，$L_{F1}^{*} = \prod_{C,F1}^{g^*} - \prod_{\bar{M}}$，其中

$$\prod_{C,F1}^{g^*} = \frac{\theta(\beta c_m - \phi)^2}{\beta(4\theta - \beta\Delta^2)} - \frac{t(\beta\Delta^2\tau_0 - \beta\Delta c_m + \Delta\phi - 4\theta\tau_0) + t^2}{\beta\Delta^2 - 4\theta}$$

交易终止点 $\alpha_{F1}^{g^*} = \alpha_1 \perp [\underline{\theta}, \bar{\theta}]$，其中

$$\alpha_1 = \frac{\beta(\beta\Delta^2(\prod_{\bar{M}} + \prod_{\bar{R}}) - \beta\Delta t c_m + t^2 + \beta\Delta^2 t\tau_0 + \Delta t\phi)}{4\beta(\prod_{\bar{M}} + \prod_{\bar{R}}) + 4\beta t\tau_0 - (\beta c_m - \phi)^2}$$

（2）制造商的最优决策如下：

$$w_{F1}^{g^*} = \frac{2\theta(\beta c_m + \phi) - \beta\Delta(\Delta\phi + t)}{4\beta\theta - \beta^2\Delta^2}, \quad \tau_{F1}^{g^*} = \frac{\beta\Delta c_m - \Delta\phi - 2t}{\beta\Delta^2 - 4\theta}$$

（3）零售商利润和制造商利润分别如下：$\prod_{M,F1}^{g^*} = \prod_{\bar{M}}$，$\prod_{R,F1}^{g^*} = \prod_{C,F1}^{g^*} - \prod_{\bar{M}}$。

引理 5. 2 说明，当政府出台奖惩机制后，上述两部定价合同仍然可以协调制造商直接回收的闭环供应链，并且与无政府奖惩机制相比，零售商只需要对转移支付进行调整即可。

接下来研究在信息不对称条件下，零售商的最优合同菜单设计问题。在这种情形下，针对每一种成本类型 θ 的制造商，零售商提供相应的合同菜单 $\{m(\theta), L(\theta)\}$。真实成本信息是 θ 的制造商告知零售商自己的成本信息 $\hat{\theta}$，进而选择了合同 $\{m(\hat{\theta}), L(\hat{\theta})\}$。随后，制造

商在合同菜单 $\{m(\hat{\theta}),\ L(\hat{\theta})\}$ 下决定产品的批发价和回收率。

运用逆向归纳法求解该模型：当制造商报告自己的成本信息是 $\hat{\theta}$ 时，制造商的最优问题是

$$\max_{w,\tau} \prod_{M,A1}^{g} = (w - c_m + \Delta\tau)(\phi - \beta(m(\hat{\theta}) + w)) - \theta\tau^2 + t(\tau - \tau_0) - L(\hat{\theta})$$

通过联立 $\frac{\partial \prod_{M,A1}^{g}}{\partial w} = 0$ 和 $\frac{\partial \prod_{M,A1}^{g}}{\partial \tau} = 0$ 求解，可得制造商的最优反应函数

$$w_{A1}^{g*} = \frac{2\theta(\beta c_m - \beta m(\hat{\theta}) + \phi) - \beta\Delta(\Delta\phi + t - \beta\Delta m(\hat{\theta}))}{4\beta\theta - \beta^2\Delta^2}$$

$$\tau_{A1}^{g*} = \frac{\Delta(\beta c_m + \beta m(\hat{\theta}) - \phi) - 2t}{\beta\Delta^2 - 4\theta}$$

再将 w_{A1}^{g*} 和 τ_{A1}^{g*} 代入到 $\prod_{M,A1}^{g}$ 化简，可以得到制造商报告成本信息 $\hat{\theta}$ 时获得的利润：

$$\prod_{M,A1}^{g}(\theta,\ \hat{\theta}) = \frac{\theta(\phi - \beta c_m)^2 + \beta t(\beta\Delta^2\tau_0 - \beta\Delta c_m + \Delta\phi - 4\theta\tau_0) + \beta t^2}{\beta(4\theta - \beta\Delta^2)} + \frac{m(\hat{\theta})(2\theta\phi + \beta\Delta t - 2\beta\theta c_m) - \beta\theta m(\hat{\theta})^2}{\beta\Delta^2 - 4\theta} - L(\hat{\theta})$$

为了保证制造商报告真实的成本信息，零售商在设计两部定价合同菜单时，应该使得制造商的利润 $\prod_{M,A1}^{g}(\theta,\ \hat{\theta})$ 在 $\hat{\theta} = \theta$ 处取最大值，此时追求利润最大化的制造商才会报告其真实的成本信息 θ。因此，通过求解 $\partial \prod_{M,A1}^{g}(\theta,\ \hat{\theta}) / \partial\hat{\theta} = 0$ 并令 $\hat{\theta} = \theta$，可以得到制造商的激励相容约束（IC）：

$$L'(\theta) = \frac{m'(\theta)(2\theta\phi - 2\beta\theta c_m + \beta\Delta t - 2\beta\theta m(\theta))}{\beta\Delta^2 - 4\theta}$$

进一步，为保证显示原理有效，$\prod_{M,A1}^{g}(\theta,\ \hat{\theta})$ 的局部二阶条件需满足：

$$\frac{\partial^2 \prod_{M,A1}^{g}(\theta,\ \hat{\theta})}{\partial\hat{\theta}\partial\theta} = \frac{2\beta\Delta^2 m'(\hat{\theta})(\phi - \beta c_m - \beta m(\hat{\theta}) + 2t)}{(\beta\Delta^2 - 4\theta)^2} \geqslant 0$$

上述条件等价于 $\dot{m}(\theta) \geqslant 0$，意味着零售商在设计合同菜单时应保证边际收益随着 θ 的增加而增加。

当制造商真实报告其回收成本信息时，令 $\hat{\theta}=\theta$，对 $\prod^{g}_{M,A1}(\theta,\hat{\theta})$ 进行化简可得到制造商相应情形下获得的利润 $\prod^{g}_{M,A1}(\theta)$。对于某一给定的制造商回收成本系数 θ，零售商获得的利润经化简为：

$$\prod{}^{g}_{R,A1}(\theta)=\frac{m(\theta)(2\beta\theta c_m-2\theta\phi-t\beta\Delta+2\beta\theta m(\theta))}{\beta\Delta^2-4\theta}+L(\theta)$$

给定上述结果，零售商的目标是通过设计合同，在保证揭露制造商真实成本信息条件下，实现自己的利润最大化，因此零售商的最优化问题刻画如下

$$R^{g}_{A1}:\max_{m(\theta),L(\theta)}\int_{\underline{\theta}}^{\alpha_{A1}}\prod{}^{g}_{R,A1}(\theta)f(\theta)d\theta+\int_{\alpha_{A1}}^{\bar{\theta}}\prod{}_{\bar{R}}f(\theta)d\theta \tag{5.5}$$

$$\text{s.t.}\quad \text{IC}：L'(\theta)=\frac{m'(\theta)(2\theta\phi-2\beta\theta c_m+\beta\Delta t-2\beta\theta m(\theta))}{\beta\Delta^2-4\theta} \tag{5.6}$$

$$IR：\prod{}^{g}_{M,A1}(\theta)\geqslant\prod{}_{\bar{M}} \tag{5.7}$$

其中，式（5.5）是零售商的目标函数，式（5.6）是激励相容约束，以保证制造商真实报告其回收成本信息；式（5.7）是制造商的个人理性约束，以保证制造商参与。式（5.5）中的 α_{A1} 代表交易终止点，且在区间 $\underline{\theta}\leqslant\theta\leqslant\alpha_{A1}$，制造商和零售商之间会进行交易，在区间 $\alpha_{A1}<\theta\leqslant\bar{\theta}$，制造商和零售商之间不会进行交易。

参考第4章对最优化问题 R_{A1} 的求解方法求解最优化问题 R^{g}_{A1}，可得命题5.4。

命题 5.4 考虑政府奖惩机制时，在不对称信息下，当 $\theta(4\theta-\beta\Delta^2)z'(\theta)+z(\theta)(\beta\Delta^2-8\theta)>0$ 时，

（1）零售商的最优合同菜单如下：

$$m^{g*}_{A1}=\frac{\Delta z(\theta)(\Delta\phi-\beta\Delta c_m+2t)}{\theta(4\theta-\beta\Delta^2)+\beta\Delta^2 z(\theta)},\ L^{g*}_{A1}=L(\alpha^{g*}_{A1})-\int_{\theta}^{\alpha^{g*}_{A1}}L'(\theta)d\theta$$

其中，$L'(\theta)=\dfrac{(2\theta\phi-2\beta\theta c_m+\beta\Delta t-2\beta\theta m(\theta))}{\beta\Delta^2-4\theta}\dfrac{\partial m^{g*}_{A1}}{\partial\theta}$，且

$$L(\alpha_{A1}^{g*}) = \prod_{\bar{R}} + \frac{1}{(4\alpha_{A1}^{g*2} + \beta\Delta^2 z(\alpha_{A1}^{g*}) - \alpha_{A1}^{g*}\beta\Delta^2)^2}(\beta\Delta^3 tz(\alpha_{A1}^{g*})$$

$$(z(\alpha_{A1}^{g*}) - \alpha_{A1}^{g*})(\phi - \beta c_m) + 2t^2 z(\alpha_{A1}^{g*})(2\alpha_{A1}^{g*2}$$

$$+\beta\Delta^2 z(\alpha_{A1}^{g*}) - \alpha_{A1}^{g*}\beta\Delta^2)) - \frac{\alpha_{A1}^{g*2}\Delta^2 z(\alpha_{A1}^{g*})(\phi - \beta c_m)^2}{(4\alpha_{A1}^{g*2} + \beta\Delta^2 z(\alpha_{A1}^{g*}) - \alpha_{A1}^{g*}\beta\Delta^2)^2}$$

交易终止点 $\alpha_{A1}^{g*} = \alpha_1 \perp [\underline{\theta}, \bar{\theta}]$，其中 α_1 是下列方程的解

$$\prod_{\bar{M}} + \prod_{\bar{R}} = \frac{\alpha_1^2(\beta c_m - \phi)^2 + \beta t^2(\alpha_1 - z(\alpha_1)) + \beta t\Delta(\alpha_1 - z(\alpha_1))(\phi - \beta c_m)}{\beta(4\alpha_1^2 + \beta\Delta^2 z(\alpha_1) - \alpha_1\beta\Delta^2)} - t\tau_0$$

（2）制造商的最优决策如下：

$$w_{A1}^{g*} = \frac{\theta(\beta\Delta^2\phi - 2\theta\phi + \beta\Delta t) + \beta\Delta tz(\theta) - \beta c_m(2\theta^2 + \beta\Delta^2 z(\theta))}{\beta(\theta(\beta\Delta^2 - 4\theta) - \beta\Delta^2 z(\theta))}$$

$$\tau_{A1}^{g*} = \frac{\theta(\Delta\phi - \beta\Delta c_m + 2t)}{\theta(4\theta - \beta\Delta^2) + \beta\Delta^2 z(\theta)}$$

（3）零售商和制造商的利润如下：

$$\prod_{R,A1}^{g*} = \frac{1}{(4\theta^2 - \beta\Delta^2\theta + \beta\Delta^2 z(\theta))^2}(2\Delta^2\theta^2 z(\theta)(\beta c_m - \phi)^2$$

$$-2\beta\Delta^2 t^2 z(\theta)(z(\theta) - \theta)$$

$$+\Delta tz(\theta)(\beta c_m - \phi)(\beta\Delta^2 z(\theta) - \beta\Delta^2\theta - 4\theta^2)) + L_{A1}^{g*}$$

$$\prod_{M,A1}^{g*} = \frac{t\Delta\theta(\theta - z(\theta))(\beta\Delta^2 - 4\theta)(\beta c_m - \phi) - t^2(\beta\Delta^2\theta^2 - 4\theta^3 - \beta\Delta^2 z(\theta)^2)}{(\beta\Delta^2\theta - 4\theta^2 - \beta\Delta^2 z(\theta))^2}$$

$$-\frac{\theta^3(\beta\Delta^2 - 4\theta)(\beta c_m - \phi)^2}{\beta(\beta\Delta^2\theta - 4\theta^2 - \beta\Delta^2 z(\theta))^2} - t\tau_0 - L_{A1}^{g*}$$

与第4章中命题4.2的结论相似，当存在政府的奖惩机制时，零售商设计的两部定价合同菜单仍然呈现如下的性质：边际收益随着制造商回收效率的降低而不断提高，转移支付随着制造商回收效率的降低而不断降低。制造商的最优决策与其回收效率的关系如下：批发价会随着回收效率的降低而提高，回收率会随着回收效率的降低而不断

降低。

接下来分析政府奖惩机制如何对命题 5.4 中的均衡结果产生影响，相关结论在命题 5.5 进行了归纳。

命题 5.5 （1）$\frac{\partial m_{A1}^{g*}}{\partial t}>0$，$\frac{\partial w_{A1}^{g*}}{\partial t}<0$，$\frac{\partial \tau_{A1}^{g*}}{\partial t}>0$。

（2）当 $0<\tau_0\leqslant\tau_2$ 时，或当 $\tau_2<\tau_0\leqslant 1$ 且 $t\geqslant t_3$ 时，$\frac{\partial \prod_{C,A1}^{g*}}{\partial t}>0$；当 $\tau_2<\tau_0\leqslant 1$ 且 $0\leqslant t<t_3$ 时，$\frac{\partial \prod_{C,A1}^{g*}}{\partial t}<0$，其中，

$$\prod_{C,A1}^{g*}=\prod_{M,A1}^{g*}+\prod_{R,A1}^{g*}$$

$$\tau_2=\frac{\Delta(\phi-\beta c_m)(\theta^2(4\theta-\beta\Delta^2)-\beta\Delta^2 z(\theta)^2+2\beta\Delta^2\theta z(\theta))}{(\theta(\beta\Delta^2-4\theta)-\beta\Delta^2 z(\theta))^2}$$

$$t_3=\frac{\tau_0(\beta\Delta^2\theta-4\theta^2-\beta\Delta^2 z(\theta))^2}{2(4\theta^3+2\beta\Delta^2\theta z(\theta)-\beta\Delta^2\theta^2-\beta\Delta^2 z(\theta)^2)}-\frac{1}{2}\Delta(\phi-\beta c_m)$$

证明：①通过对 m_{A1}^{g*}，w_{A1}^{g*} 和 τ_{A1}^{g*} 求关于 t 的偏导数可得：

$$\frac{\partial m_{A1}^{g*}}{\partial t}=\frac{2\Delta z(\theta)}{\theta(4\theta-\beta\Delta^2)+\beta\Delta^2 z(\theta)}>0,\quad \frac{\partial w_{A1}^{g*}}{\partial t}=\frac{\Delta(\theta+z(\theta))}{\theta(\beta\Delta^2-4\theta)-\beta\Delta^2 z(\theta)}<0,$$

$\frac{\partial \tau_{A1}^{g*}}{\partial t}=\frac{2\theta}{\theta(4\theta-\beta\Delta^2)+\beta\Delta^2 z(\theta)}>0$，因此①中的结论可以推导得出。

②因为

$$\begin{aligned}\prod_{C,A1}^{g*}=&-t\tau_0+\frac{t^2(4\theta^3+2\beta\Delta^2\theta z(\theta)-\beta\Delta^2\theta^2-\beta\Delta^2 z(\theta)^2)}{(\beta\Delta^2\theta-4\theta^2-\beta\Delta^2 z(\theta))^2}\\&+\frac{t\Delta(\beta c_m-\phi)(\beta\Delta^2\theta^2-4\theta^3-2\beta\Delta^2\theta z(\theta)+\beta\Delta^2 z(\theta)^2)}{(\beta\Delta^2\theta-4\theta^2-\beta\Delta^2 z(\theta))^2}\\&-\frac{\theta^2(\beta c_m-\phi)^2(\beta\Delta^2\theta-4\theta^2-2\beta\Delta^2 z(\theta))}{\beta(\beta\Delta^2\theta-4\theta^2-\beta\Delta^2 z(\theta))^2}\end{aligned}$$

所以容易得到$\frac{\partial^2 \prod_{C,A1}^{g*}}{\partial t^2}>0$，因此$\prod_{C,A1}^{g*}$是关于 t 的凸函数。又由$\frac{\partial \prod_{C,A1}^{g*}}{\partial t}=0$可以得到 $t=t_3$。当 $\tau_2<\tau_0\leqslant 1$ 时，$t_3>0$，当 $0<\tau_0\leqslant\tau_2$ 时，$t_3<0$。又

因为政府的奖惩力度 $t \geqslant 0$，所以通过进一步验证可以得到命题5.5（2）中的结论。证毕。

命题5.5表明，与在制造商依赖零售商回收的闭环供应链中相同的是，在制造商直接回收的闭环供应链中，随着政府奖惩力度的增加，批发价会减少，回收率会增加。不同的是，零售商获取的边际收益会随着政府奖惩力度的增加而不断提高。这说明政府奖惩力度的增加可能会加重这种回收型供应链的双边际效应。

政府奖惩机制对制造商直接回收型闭环供应链的利润的影响与在制造商依赖零售商回收型闭环供应链中的相似，即当政府的回收标准较低或较高且奖惩力度较大时，整个供应链利润随着政府奖惩力度的加大而增加，当政府的回收标准较高且奖惩力度较小时，整个供应链利润随着政府奖惩力度的加大而减少。

通过对比命题5.4和第4章命题4.1中的均衡结果，可以得到奖惩机制的出台对制造商合同设计以及其他均衡结果的影响，见命题5.6。该命题的证明与命题5.3的证明类似，故略去。

命题5.6　（1）$m_{A1}^{g*} \geqslant m_{A1}^{M*}$，$w_{A1}^{g*} \leqslant w_{A1}^{M*}$，$\tau_{A1}^{g*} \geqslant \tau_{A1}^{M*}$；（2）当 $0 < \tau_0 \leqslant \tau_2$ 时，或当 $\tau_2 < \tau_0 \leqslant 1$ 且 $t \geqslant t_4$ 时，$\prod_{C,A1}^{g*} \geqslant \prod_{C,A1}^{M*}$；当 $\tau_2 < \tau_0 \leqslant 1$ 且 $0 \leqslant t < t_4$ 时，$\prod_{C,A1}^{g*} < \prod_{C,A1}^{M*}$，其中，$t_4 = 2t_3$。

命题5.6表明，在制造商直接回收的闭环供应链中，政府奖惩机制的出台会使零售商设计合同时提高边际收益。此外，与制造商依赖零售商回收型闭环供应链中的结论相似的是，政府奖惩机制的出台会使制造商直接回收型闭环供应链中的批发价降低、回收率提高。另外，政府奖惩机制的出台对两种类型闭环供应链的利润的影响也是相似的。

5.4 算例分析

本节主要借助数值算例的方式对本章中表达式复杂的均衡结果进行分析，以探究其可能的管理启示，此外，为了更好地理解本章中的主要结论，本节还对本章的主要命题通过数值算例的方式进行验证分析。由于在制造商直接回收模型中的主要结论与在制造商依赖零售商回收模型中的相似，因此接下来主要以制造商依赖零售商回收模型为分析对象。

本章假设制造商知道零售商的回收成本系数 θ 是在区间［5.1，10］上服从均匀分布，且主要参数取值如下：$\phi=7$，$\beta=0.1$，$c_m=5$，$\Delta=3$，$\prod_{\bar{M}}=45$，$\prod_{\bar{R}}=45$。在制造商依赖零售商回收模型中，制造商在信息不对称时设计的最优合同如何受政府奖惩机制的影响是主要分析内容，因此，进一步假设零售商的私有回收成本信息 $\theta=5.5$，且回收标准取值为 $\tau_0=\{0.2,0.4\}$ 和奖惩力度的变动范围为 $t\in[0,500]$。

给定任一回收标准 τ_0，变动政府奖惩力度 t，可得到政府奖惩力度对制造商两部定价合同菜单和零售商最优决策的影响，如图 5－1 所示。

图 5－1（a）和图 5－1（b）反映了政府奖惩力度对制造商两部定价合同菜单的影响：随着政府奖惩力度的增加，制造商在设计合同时会不断提高对转移支付的收取，并不断降低批发价。这说明制造商主要通过转移支付获得利润，而减少通过产品加价的方式获得利润。当政府的奖惩力度越来越大时，制造商的批发价会出现负的情况，这说明制造商为促使零售商提高回收率，会在零售商订货时向其提高单位补贴，但是在转移支付方面，制造商会向零售商收取的越来越高。

图5－1（c）和图5－1（d）反映了政府奖惩力度对零售商最优决策的间接影响：随着政府奖惩力度的增加，零售商会不断降低零售价而不断提高回收率。图5－1说明政府通过调整奖惩力度可以有效影响制造商的合同设计，进而提高整个供应链的回收率，从而有利于循环经济的形成。

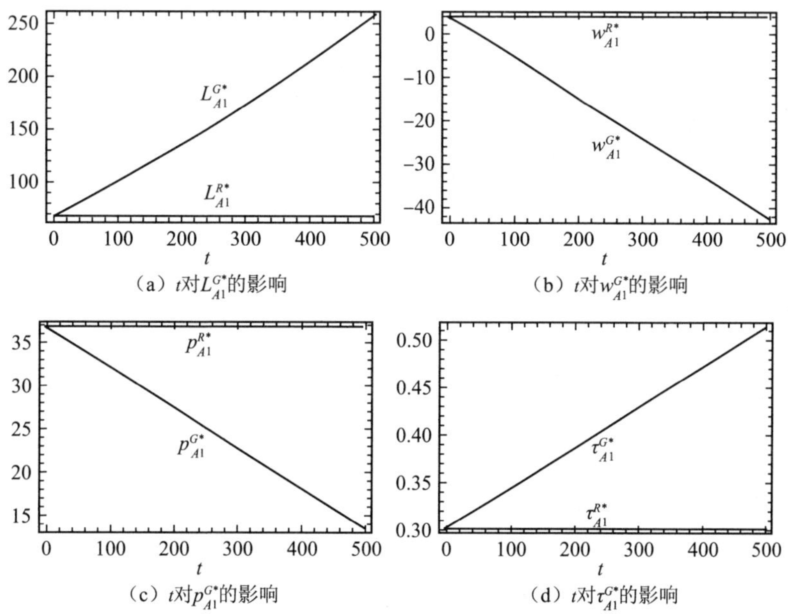

图5－1 政府奖惩力度对供应链成员最优决策的影响

与无奖惩机制下的最优决策相比，奖惩机制的出台对供应链成员最优决策的影响同样在图5－1得到了形象的表达，即奖惩机制的出台总是使制造商在设计合同时降低批发价并提高转移支付。原因在于奖惩机制的出台势必要求制造商提高回收率，因此制造商只好通过降低批发价以激励零售商的回收活动，导致在产品销售过程牺牲了较多的利益，制造商只好通过收取较高的转移支付进行弥补。此外，受制造商合同的调整，相比于无奖惩机制，零售商会降低批发价、提高回收率。

接下来分析政府奖惩机制对整个供应链以及每个成员利润的影响。首先给定回收标准 $\tau_0=0.2$，变动政府奖惩力度 t，可得图 5－2。

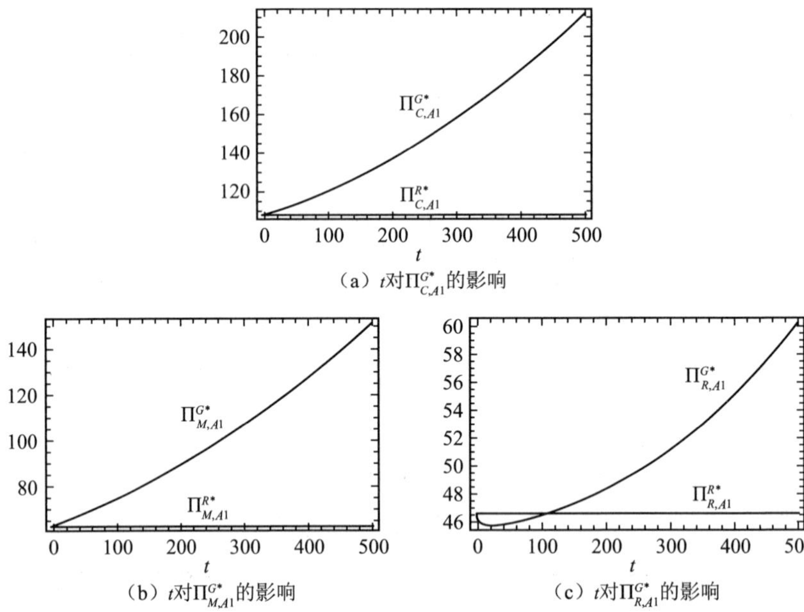

（a）t 对 $\Pi_{C,A1}^{G*}$ 的影响

（b）t 对 $\Pi_{M,A1}^{G*}$ 的影响

（c）t 对 $\Pi_{R,A1}^{G*}$ 的影响

图 5－2　政府回收标准较低时（$\tau_0=0.2$）奖惩力度对供应链成员利润的影响

从图 5－2（a）和图 5－2（b）可以看出，当政府制定的回收标准较低时，与无政府奖惩机制相比，政府奖惩机制的出台对整个供应链和制造商都是有益无害。因为此时的回收标准对闭环供应链来说是可以达到的［与图 5－1（d）比较可得］，因此奖惩机制实则是对制造商乃至整个供应链的一种奖励。并且这种奖励会随着政府奖惩力度的增加而不断扩大，也就是整个供应链和制造商的利润都会随着政府奖惩力度的增加而不断增加。

相比于图5－2（a），图5－2（b）和图5－2（c）反映了零售商利润随政府奖惩力度变化的不同趋势：随着政府奖惩力度的不断增加，零售商的利润呈现先减少后增加的趋势。原因在于当政府奖惩力度较小时，意味着制造商回收率未达标准时的惩罚较小，因此制造商激励零售商进行回收的动力较小，导致制造商会制定一个较高的批发价，从而加重了供应链中的双边际效应，使得零售商的利润减少。但随着奖惩力度的增加，制造商会不断降低批发价，进而使得零售商的利润不断增加。由零售商利润随政府奖惩力度变化趋势可以知道，一个回收标准和奖惩力度都较小的奖惩机制的出台，可能会使零售商的利润受损［比较图5－2（c）中的$\prod_{R,A1}^{*}$和$\prod_{R,A1}^{G*}$可得］。

其次给定回收标准$\tau_0=0.4$，变动政府奖惩力度t，可得到政府奖惩力度对整个供应链及每个成员利润的影响，如图5－3所示。

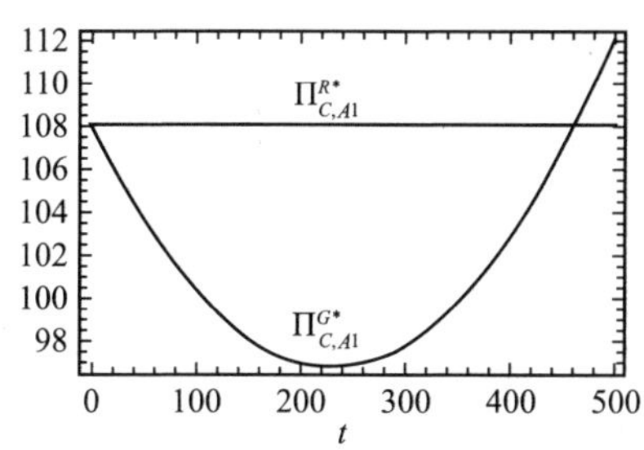

（a）t对$\Pi_{C,A1}^{G*}$的影响

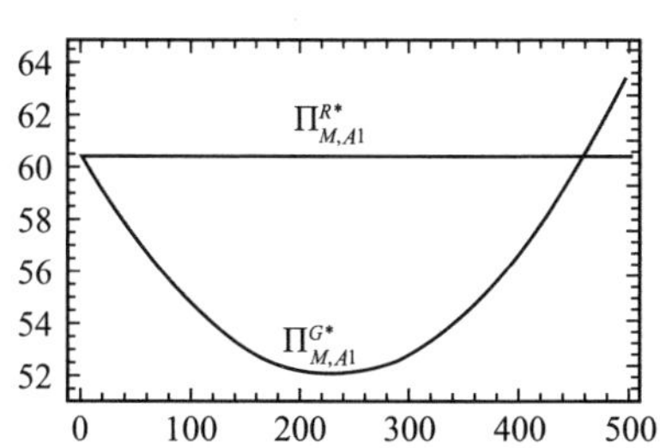

（b）t对$\Pi_{M,A1}^{G*}$的影响

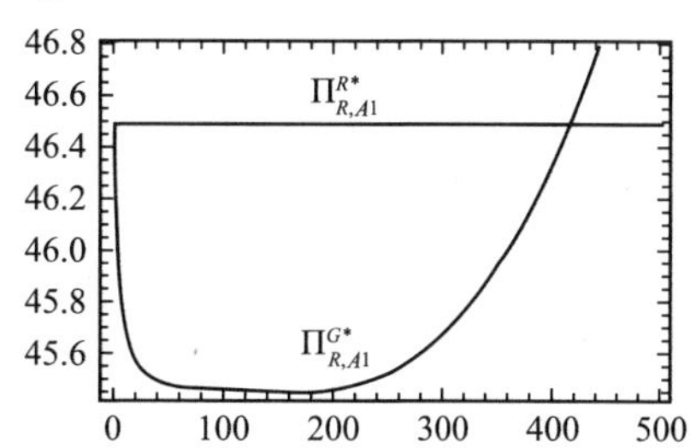

（c）t对$\Pi_{R,A1}^{G*}$的影响

图5－3　政府回收标准较高时（$\tau_0=0.4$）奖惩力度对供应链成员利润的影响

与回收标准较低时不同，当回收标准较高时，随着奖惩力度的增加，整个供应链、制造商和零售商的利润都先减小后增加。这主要是因为整个供应链在开始时不能达到政府回收标准，因此会受到政府的惩罚。这也导致了整个供应链及其成员在政府奖惩机制出台时利益都会受损，即低于无政府奖惩机制时的利润。而当奖惩力度很大时，整个供应链迫于罚金的沉重压力，会努力完成政府的回收要求，因此利润又会渐渐增加，最终会出现高于无政府奖惩机制时的利润。

5.5 本章小结

政府对制造商回收行为的奖惩机制是研究闭环供应链不可忽视的一个重要因素。基于此，本章考虑了政府奖惩机制，分别在制造商依赖零售商回收模型和制造商直接回收模型中，研究当回收成本信息不对称时，制造商或零售商如何通过设计两部定价合同菜单实现对不对称信息的揭露，并重点探讨了政府奖惩机制对每一种回收模型中的最优合同以及其他均衡结果的影响。

研究发现，在制造商依赖零售商回收模型中，政府奖惩机制的出台会使制造商在设计合同时降低批发价但提高转移支付，并且随着政府奖惩力度的增加，制造商会使批发价越来越低，转移支付越来越高。在制造商最优合同的影响下，与无奖惩机制情形相比，零售商会在有奖惩机制情形下降低零售价但提高回收率，并且随着政府奖惩力度的增加，零售商会不断降低零售价，不断提高回收率。这些会对供应链利润产生如下影响：当回收标准较低或回收标准较高且奖惩力度较大时，政府奖惩机制的出台总是能提高供应链的利润，且供应链利润的增加值随着奖惩力度的增加越来越大；当回收标准较高且奖惩力度较小时，政府奖惩机制的出台会降低供应链的利润，且供应链利润的减少量随着奖惩力度的增加呈现先增加后减少的趋势。

在制造商直接回收模型中，研究发现，零售商在设计两部定价合同时，会因为奖惩机制的出台提高边际收益，并且政府奖惩力度越大，零售商的边际收益提高得越多。除此之外，政府奖惩机制对此回收模型中均衡结果的影响与对制造商依赖零售商回收模型中的相似。

第6章　政府奖惩下需求信息分享模型

6.1　引　言

随着信息技术的快速发展，供应链成员能够有效地获取大量的市场数据。这些数据经过专门技术的分析和加工可以转化为消费者对产品未来的需求信息。这种借助信息技术来预测产品的需求可以有效地降低市场不确定性对供应链成员经营决策造成的不利影响（Shang et al.，2016）。在供应链成员拥有产品的需求预测信息后，制造商常常是愿意进行信息分享的，因为这样有助于制造商安排生产以更好地匹配消费者需求。但是，零售商常常是不愿意的。例如，据Forrester Research在2006年开展的一项调查，旨在了解零售商是否愿意向其制造商分享其历史销售数据，该调查表明，被调查的89个零售商只有27%愿意分享。在理论层面，一些学者对供应链成员间的信息分享问题已进行了大量研究。其中的一些研究制造商和零售商同时预测需求信息的文献与本章的研究最为紧密，如岳和刘（2006）在一个订货型生产和备货型生产的双渠道供应链中研究了信息分享的价值问题。米什拉等（2009）在一个制造商和零售商组成的供应链中研究了需求信息分享问题，并设计了一个特殊的批发价折扣合同以促使零售商进行信息分享。晏等（2016）在制造商和零售商进行合作广告的双渠道供应链中研究了合作广告的价值以及合作广告对信息分享的影响。卞等（2016）在一个存在供应链竞争的模型中研究了一个供应链内的需求信息分享问题以及对另外一条供应链的影响。

闭环供应链通过对废旧产品进行回收再利用从而实现了资源的循环使用，近年来也受到了很多学者的关注。其中有一些学者将注意力投向了闭环供应链中的需求信息分享问题。如聂佳佳和熊中楷（2011）在一个制造商依赖第三方回收的闭环供应链中研究零售商不同的需求信息分享选择问题，即是选择不分享还是向另外两个成员中的一方或是两个都分享。聂佳佳（2013）分别在制造商直接回收模型、制造商依赖零售商回收模型和制造商依赖第三方回收模型中研究了需求信息分享问题，并对三种模型下的均衡结果进行了比较分析。聂佳佳（2014）研究了再制造商与制造商的需求预测信息分享问题，并设计了一个信息分享补偿机制以促进再制造商进行信息分享。上述文献在闭环供应链中研究需求信息分享问题时仅考虑供应链的一方（零售商或再制造商）能够预测市场需求，忽视了供应链所有成员都能利用信息技术预测市场需求；此外上述文献未考虑政府的回收法规对闭环供应链中信息分享的影响。

本章在上述文献的基础上，分别考察了制造商直接回收模式和制造商依赖零售商回收模式的闭环供应链，在每一种模式中，考虑了政府对于制造商回收活动的奖惩机制，主要研究了以下问题：当制造商和零售商都能预测市场需求时，零售商会不会自愿分享其需求预测信息？如果不会，如何设计一个机制促使零售商分享其需求预测信息？信息预测的准确性、市场不确定性和供应链成员预测信息的相关性又是如何影响供应链成员的收益？与上述文献的一个重大区别是，本章发现，在一定条件下零售商会从需求信息分享中获益，因此零售商会自愿分享其需求预测信息，即使不存在任何激励机制；此外，政府的奖惩力度会影响到供应链中的均衡信息分享策略。

6.2 模型描述和假设

随着各国回收法规的不断出台，如2005年欧盟颁布实施的《废弃电子与电器产品处理条令》（WEEE）和2011年我国正式实施的《废弃电器电子产品回收处理管理条例》，制造商的回收活动必然会受到政府的相关法规的影响。本章主要在制造商直接回收的闭环供应链和制造商依赖零售商回收的闭环供应链中研究需求预测信息分享问题，并同时考虑政府奖惩机制的影响。关于制造商直接回收的闭环供应链的描述和假设，具体的，可以参见第3章3.2（模型描述和假设）中的第一、二段。关于制造商依赖零售商回收的闭环供应链的描述和假设，具体的，可以参见第4章4.2（模型描述和假设）中的第一、二段。在此基础上，针对每一种模型，本章还考虑了政府奖惩机制的影响。本章沿用第5章对政府奖惩机制的描述和假设。此外，在本章中，η表示回收成本系数，刻画回收处理效率。

参考拉朱和罗伊（Raju and Roy，2000）和米什拉等（2009），本章对需求预测信息结构作如下描述和假设。由于市场是不确定的，假设ϕ是一个随机变量，且$\phi=\bar{\phi}+\varepsilon$，其中$\bar{\phi}$代表潜在市场需求的平均水平，$\varepsilon$代表市场不确定性。假设$\varepsilon$是一个服从正态分布的随机变量，其均值为0，方差为$\sigma_0^2$。尽管如此，供应链成员可以通过分析历史数据等方法对不确定的市场需求进行预测。因此假设制造商和零售商获得的市场预测信息分别为f_m和f_r，且

$$f_m=\phi+\varepsilon_m$$

$$f_r=\phi+\varepsilon_r$$

其中，ε_m和ε_r代表制造商和零售商的预测偏差。假设ε_m和ε_r是独立

于市场潜在需求 ϕ、服从正态分布的随机变量，且均值都为 0，方差分别为 σ_m^2 和 σ_r^2。方差 $\sigma_i^2(i=m,\ r)$ 越大意味着预测信息越不准确。进一步，由于制造商和零售商在预测信息过程中使用的技术方法和历史数据有一定的相似性，因此假设预测偏差 ε_m 和 ε_r 是协相关的，且相关系数用 $\rho(0\leqslant\rho\leqslant 1)$ 表示。相关系数 ρ 的大小取决于在预测过程中，供应链成员使用的数据和方法的相似性。如果使用的数据和方法的相似性越高，则相关系数越大，反之亦然。进一步假设 $\rho\sigma_r\sigma_m\leqslant\sigma_r^2$，$\rho\sigma_r\sigma_m\leqslant\sigma_m^2$。

本章假设随机变量都服从正态分布，这有可能会导致市场需求为负，因此假设 $\bar{\phi}$ 相对于 σ_0^2 足够大，以消除正态分布这一假设的局限性。本章中除了预测信息（f_m 和 f_r）以外的所有参数都是供应链成员共同的知识。

与岳和刘（2006）、米什拉等（2009）的文献相似，依据上述假设，可以得到下列条件期望公式：

$$E[\phi\mid f_i]=(1-t_i)\bar{\phi}+t_i f_i$$

$$E[\phi\mid f_r,\ f_m]=H\bar{\phi}+Jf_r+Kf_m$$

$$E[f_r\mid f_m]=(1-d_m)\bar{\phi}+d_m f_m$$

其中，

$$t_i=\frac{\sigma_0^2}{\sigma_0^2+\sigma_i^2}$$

$$d_m=\frac{\sigma_0^2+\rho\varepsilon_r\varepsilon_m}{\sigma_0^2+\sigma_m^2}$$

$$H=\frac{(1-\rho^2)\sigma_m^2\sigma_r^2}{(1-\rho^2)\sigma_m^2\sigma_r^2+\sigma_0^2(\sigma_m^2+\sigma_r^2-2\rho\sigma_m\sigma_r)}$$

$$J=\frac{(\sigma_m^2-\rho\sigma_m\sigma_r)\sigma_0^2}{(1-\rho^2)\sigma_m^2\sigma_r^2+\sigma_0^2(\sigma_m^2+\sigma_r^2-2\rho\sigma_m\sigma_r)}$$

$$K=\frac{(\sigma_r^2-\rho\sigma_m\sigma_r)\sigma_0^2}{(1-\rho^2)\sigma_m^2\sigma_r^2+\sigma_0^2(\sigma_m^2+\sigma_r^2-2\rho\sigma_m\sigma_r)}$$

本章中制造商和零售商的博弈顺序如下：在第一阶段，在制造商和零售商预测需求信息之前，供应链成员就是否分享信息达成协议。在第二阶段，制造商和零售商分别对市场需求进行预测并获得预测信息。如果供应链成员在第一阶段达成信息分享协议，他们就会真实地分享其预测信息。在第三阶段，供应链成员以利润最大化为目标进行相关决策，具体的：在制造商直接回收的闭环供应链模型中，制造商先决定批发价和回收率，零售商随后决定零售价；在制造商依赖零售商回收的闭环供应链模型中，制造商先决定批发价，零售商随后决定零售价和回收率。在第四阶段，市场需求实现，制造商向零售商交付订单满足市场需求，制造商和零售商各自获得相应的收益。

需要指出的是，无论制造商和零售商是否分享他们的预测信息，制造商和零售商都会依据自己的预测信息最大化自己的期望利润。因而，在博弈的第三阶段，作为 Stackelberg 博弈的领导者，制造商依据自己的预测信息 f_m 最大化期望利润进行决策，因此，制造商的最优决策里会包含自己的预测信息 f_m。零售商作为 Stackelberg 博弈的跟随者，则可以从制造商的最优决策中获取制造商预测信息 f_m，进而，零售商在最大化其期望利润时是同时具有预测信息 f_m 和 f_r。也就是说，零售商是拥有对称信息的，而零售商的需求预测信息对制造商来说是不对称的。因此，本章中研究供应链成员的信息分享问题转化为研究零售商的信息分享问题。

本章中的符号标记说明：$\prod$ 和 π 分别表示供应链成员事前和事后的利润。上标 M 和 R 分别代表制造商直接回收的闭环供应链模型和制造商依赖零售商回收的闭环供应链模型。下标 M 和 R 分别代表制造商和零售商，下标 N 和 S 分别代表需求预测信息不分享情形和信息分享情形。例如，$\prod_{MN}^{M}$表示在制造商直接回收的闭环供应链模型中，当需求预测信息不分享时制造商获得的事前利润。

6.3　制造商直接回收模型

针对这种回收模型，由于制造商的预测信息最终会泄露给零售商，依据供应链成员在第一阶段是否达成需求预测信息分享协议，可以得到零售商信息不分享和信息分享两种情形。根据逆向求解法首先求解供应链成员在每一种情形下的均衡策略及获得的相应利润，基于此，进而可求得供应链成员在第一阶段的事前利润。再通过比较两种情形下的事前利润可以得到信息分享的价值，进而可以得到均衡的信息分享策略。

6.3.1　信息不分享情形

在这种情形下，零售商不分享其预测信息。制造商依据自己的预测信息 f_m 最大化其期望利润。零售商由于可以依据制造商的最优决策进行推测制造商的需求预测信息 f_m，因此，零售商在最大化其期望利润同时具有预测信息 f_m 和 f_r（具体的分析见上一节）。基于上述分析可以得到制造商和零售商在博弈第三阶段的条件期望利润函数，如下：

$$\pi_{MN}^{M}=E[(\phi-\beta p_N^M)(w_N^M-c_m+\Delta\tau_N^M)-\eta(\tau_N^M)^2+t(\tau_N^M-\tau_0)\mid f_m]$$

$$\pi_{RN}^{M}=E[(\phi-\beta p_N^M)(p_N^M-w_N^M)\mid f_r,\ f_m]$$

给定预测信息 f_m，f_r 以及制造商的批发价 w_N^M 和回收率 τ_N^M，零售商通过决策零售价 p_N^M 来最大化其条件期望利润 π_{RN}^M。通过求解 π_{RN}^M 的一阶条件：

$$\frac{d\pi_{RN}^{M}}{dp_N^M}=\beta(w_N^M-2p_N^M)+E[\phi\mid f_r,\ f_m]=0$$

可以得到零售商的最优反应函数：

$$p_N^{M*}=\frac{w_N^M\beta+E[\phi\,|f_r,\ f_m]}{2\beta}$$

进而可以得到零售商的订购量：

$$q_N^{M*}=\frac{1}{2}(E[\phi\,|f_r,\ f_m]-w_N^M\beta)$$

对于零售商的订购量，由于预测信息 f_r 是不对称信息，因此制造商只能依据自己的预测信息 f_m 来求解其条件期望，进而可以得到零售商的期望订购量。因此，制造商的实际目标是最大化函数：

$$\pi_{MN}^M=E[q_N^{M*}\,|f_m](w_N^M-c_m+\Delta\tau_N^M)-\eta(\tau_N^M)^2+t(\tau_N^M-\tau_0)$$

不难得到，当 $\eta>\beta\Delta^2/8$ 时制造商的条件期望利润函数 π_{MN}^M 是一个关于 w_N^M 和 τ_N^M 的联合凹函数。通过联立求解

$$\begin{cases}\dfrac{\partial\pi_{MN}^M}{\partial w_N^M}=\dfrac{1}{2}(\beta c_m-\beta(\Delta\tau_N^M+2w_N^M)+E[E[\phi\,|f_r,\ f_m]\,|f_m])=0\\[2ex]\dfrac{\partial\pi_{MN}^M}{\partial\tau_N^M}=t+\dfrac{1}{2}\Delta(E[E[\phi\,|f_r,\ f_m]\,|f_m]-\beta w_N^M)-2\eta\tau_N^M=0\end{cases}$$

可以得到制造商的最优决策 w_N^{M*} 和 τ_N^{M*}。再将 w_N^{M*} 代入到 p_N^{M*} 中化简可以得到零售商的最优价格。引理 6.1 对信息不分享情形下供应链成员的最优决策进行了归纳。

引理 6.1 对于制造商直接回收模型，在信息不分享情形下，制造商和零售商的均衡价格和回收率如下：

$$w_N^{M*}=\frac{\beta\Delta^2\phi_2-4\eta\phi_2-4\beta\eta c_m+2\beta\Delta t}{\beta^2\Delta^2-8\beta\eta}$$

$$\tau_N^{M*}=\frac{\Delta\phi_2-\beta\Delta c_m+4t}{8\eta-\beta\Delta^2}$$

$$p_N^{M*}=\frac{\phi_2(\beta\Delta^2-4\eta)-4\beta\eta c_m+2\beta\Delta t+(\beta\Delta^2-8\eta)\phi_1}{2\beta(\beta\Delta^2-8\eta)}$$

其中：$\phi_1=E[\phi\,|f_r,\ f_m]$，$\phi_2=E[E[\phi\,|f_r,\ f_m]\,|f_m]=H\bar{\phi}+JE[f_r\,|f_m]+Kf_m$。

基于引理6.1中的均衡策略，将 w_N^{M*}，τ_N^{M*} 和 p_N^{M*} 代入到 π_{MN}^{M} 和 π_{RN}^{M} 中化简可以得到制造商和零售商在博弈的第三阶段获得的条件期望利润：

$$\pi_{MN}^{M*}=\frac{\eta(\beta c_m-\phi_2)(\beta c_m-2\phi_1+\phi_2)}{\beta(8\eta-\beta\Delta^2)}+\frac{t(\Delta\phi_1-\beta\Delta c_m+\beta\Delta^2\tau_0-8\eta\tau_0)+2t^2}{8\eta-\beta\Delta^2}$$

$$\pi_{RN}^{M*}=\frac{(\phi_1(8\eta-\beta\Delta^2)+\beta\Delta^2\phi_2-4\beta\eta c_m-4\eta\phi_2+2\beta\Delta t)^2}{4\beta(\beta\Delta^2-8\eta)^2}$$

接下来求解制造商和零售商在获取需求预测信息 f_m 和 f_r 前的事前利润。由于此时 f_m 和 f_r 对制造商和零售商来说是不可知的，因此通过对 π_{MN}^{M*} 和 π_{RN}^{M*} 求关于 f_m 和 f_r 的期望可以得到制造商和零售商的事前利润 $\prod_{MN}^{M*}$ 和 $\prod_{RN}^{M*}$，即

$$\prod_{MN}^{M*}=\int_0^\infty\int_0^\infty \pi_{MN}^{M*}g(f_r,f_m)\,df_r df_m$$

$$\prod_{RN}^{M*}=\int_0^\infty\int_0^\infty \pi_{RN}^{M*}g(f_r,f_m)\,df_r df_m$$

其中，$g(f_r,f_m)$ 是关于 f_m 和 f_r 的联合概率密度函数。引理6.2给出了制造商和零售商的事前利润。

引理6.2　对于制造商直接回收模型，在信息不分享情形下，制造商和零售商的事前利润如下：

$$\prod_{MN}^{M*}=\frac{\eta\sigma_0^4}{\beta(8\eta-\beta\Delta^2)(\sigma_0^2+\sigma_m^2)}+\frac{\eta(\bar{\phi}-\beta c_m)^2}{\beta(8\eta-\beta\Delta^2)}-\frac{t(\Delta\bar{\phi}-\beta\Delta c_m+\beta\Delta^2\tau_0-8\eta\tau_0)+2t^2}{\beta\Delta^2-8\eta}$$

$$\prod_{RN}^{M*}=\frac{\beta\Delta^2t^2-4\Delta\eta t(\beta c_m-\bar{\phi})}{(\beta\Delta^2-8\eta)^2}+\frac{1}{4\beta L_1(\sigma_0^2+\sigma_m^2)(\beta\Delta^2-8\eta)^2}(16\eta^2(\bar{\phi}-\beta c_m)^2L_1(\sigma_0^2+\sigma_m^2)+\sigma_0^4(16\eta^2\sigma_0^2L_2+\sigma_m^2((\beta^2\Delta^4-16\beta\Delta^2\eta+48\eta^2)(\rho^2-1)\sigma_r^2+(\beta\Delta^2-8\eta)^2L_2)))$$

其中，$L_1=(1-\rho^2)\sigma_m^2\sigma_r^2+\sigma_0^2(\sigma_m^2-2\rho\sigma_m\sigma_r+\sigma_r^2)$，$L_2=\sigma_m^2-2\rho\sigma_m\sigma_r+\sigma_r^2$。

证明：先证明$\prod_{MN}^{M*}$。将 $\phi_1 = E[\phi \mid f_r, f_m] = H\bar{\phi} + Jf_r + Kf_m$，$\phi_2 = H\bar{\phi} + JE[f_r \mid f_m] + Kf_m = H\bar{\phi} + J((1-d_m)\bar{\phi} + d_m f_m) + Kf_m$ 代入到 π_{MN}^{M*} 中化简可以得到

$$\pi_{MN}^{M*} = \frac{\eta L_3}{\beta(\beta\Delta^2 - 8\eta)} - \frac{t(\Delta\bar{\phi} - \beta\Delta c_m + \beta\Delta^2\tau_0 - 8\eta\tau_0) + 2t^2}{\beta\Delta^2 - 8\eta}$$

其中，

$$\begin{aligned} L_3 = & 2\beta H\bar{\phi}c_m + 2J^2\bar{\phi}d_m f_r - 2J^2\bar{\phi}d_m^2 f_m + 2J^2\bar{\phi}d_m f_m + J^2\bar{\phi}^2 d_m^2 - 2J^2\bar{\phi}^2 d_m \\ & - 2HJ\bar{\phi}f_r - 2HK\bar{\phi}f_m - 2J^2\bar{\phi}f_r - H^2\bar{\phi}^2 + J^2\bar{\phi}^2 + 2\beta Jc_m f_r + 2\beta Kc_m f_m \\ & - \beta^2 c_m^2 - 2J^2 d_m f_m f_r + J^2 d_m^2 f_m^2 - 2JKf_m f_r - K^2 f_m^2 \end{aligned}$$

因为 $f_i = \phi + \varepsilon_i$，所以有 $E[f_i] = \bar{\phi}$。因为 $Var[\phi] = E[\phi^2] - (E[\phi])^2$，所以可以得到 $\sigma_0^2 = E[\phi^2] - \bar{\phi}^2$，因此 $E[\phi^2] = \sigma_0^2 + \bar{\phi}^2$。同理，$E[\varepsilon_i^2] = \sigma_i^2$。因为 $f_i^2 = \phi^2 + 2\phi\varepsilon_i + \varepsilon_i^2$，所以 $E[f_i^2] = \sigma_0^2 + \bar{\phi}^2 + \sigma_i^2$。此外，$E[f_m f_r] = E[\phi^2 + \phi\varepsilon_m + \phi\varepsilon_r + \varepsilon_m\varepsilon_r] = \bar{\phi}^2 + \rho\sigma_m\sigma_r + \sigma_0^2$。基于上述结果，将 H、J 和 K 的表达式代入 L_3，并对其求期望可以得到

$$E[L_3] = \frac{\sigma_0^4}{\sigma_0^2 + \sigma_m^2} + (\bar{\phi} - \beta c_m)^2$$

进而可以得到 $\prod_{MN}^{M*} = E[\pi_{MN}^{M*}]$。同理，可以求得零售商的事前利润 $\prod_{RN}^{M*}$。证毕。

6.3.2 信息分享情形

在这种情形下，零售商在博弈的第一阶段与制造商达成协议，分享其需求预测信息。因此，制造商和零售商在博弈的第三阶段都可以获取需求预测信息 f_m 和 f_r。相应地，制造商和零售商的条件期望利润如下：

$$\pi_{MS}^{M} = E[(\phi - \beta p_S^M)(w_S^M - c_m + \Delta\tau_S^M) - \eta(\tau_S^M)^2 + t(\tau_S^M - \tau_0) \mid f_r, f_m]$$

$$\pi_{RS}^{M} = E[(\phi - \beta p_S^M)(p_S^M - w_S^M) \mid f_r, f_m]$$

对于零售商而言，由于在信息不分享和信息分享两种情形零售商都能获取需求预测信息f_m和f_r，因此零售商在两种情形下的最优化问题是一样的。进而，可以得到零售商的最优反应函数：

$$p_S^{M*}=\frac{w_S^M\beta+E[\phi|f_r,f_m]}{2\beta}$$

通过联立求解π_{MS}^M的一阶偏导数可以得到制造商的最优决策w_S^{M*}和τ_S^{M*}。再将w_S^{M*}代入到p_S^{M*}化简可以得到零售商的最优价格。引理6.3对信息分享情形下供应链成员的最优决策进行了归纳。

引理6.3　对于制造商直接回收模型，在信息分享情形下，制造商和零售商均衡的价格和回收率如下：

$$w_S^{M*}=\frac{4\eta\phi_1-\beta\Delta^2\phi_1+4\beta\eta c_m-2\beta\Delta t}{8\beta\eta-\beta^2\Delta^2}$$

$$\tau_S^{M*}=\frac{\Delta\phi_1-\beta\Delta c_m+4t}{8\eta-\beta\Delta^2}$$

$$p_S^{M*}=\frac{\beta\Delta^2\phi_1-2\beta\eta c_m-6\eta\phi_1+\beta\Delta t}{\beta^2\Delta^2-8\beta\eta}$$

参考萨瓦斯坎等（2004）对回收成本系数η较大的假设，在本章6.3节中，假设制造商的回收成本系数η较大且满足条件$\eta\geqslant\eta_1^M=(\Delta\bar{\phi}+\beta\Delta^2-\beta\Delta c_m+4t)/8$，以保证$0\leqslant E[\tau_N^{M*}]\leqslant1$和$0\leqslant E[\tau_S^{M*}]\leqslant1$。将引理6.3中的最优决策代入到$\pi_{MS}^M$和$\pi_{RS}^M$中化简可以得到制造商和零售商获得的条件期望利润：

$$\pi_{MS}^{M*}=\frac{\eta(\beta c_m-\phi_1)^2}{\beta(8\eta-\beta\Delta^2)}-\frac{t(\Delta\phi_1-\beta\Delta c_m+\beta\Delta^2\tau_0-8\eta\tau_0)+2t^2}{\beta\Delta^2-8\eta}$$

$$\pi_{RS}^{M*}=\frac{(2\eta\phi_1-2\beta\eta c_m+\beta\Delta t)^2}{\beta(\beta\Delta^2-8\eta)^2}$$

基于此，通过对π_{MS}^{M*}和π_{RS}^{M*}求关于f_m和f_r的条件期望可以得到制造商和零售商在信息分享情形下的事前利润，见引理6.4。

引理6.4　对于制造商直接回收模型，在信息分享情形下，制造商和零售商的事前利润如下：

$$\pi_{MS}^{*}=\frac{\eta(\sigma_0^4L_2+(\bar{\phi}-\beta c_m)^2L_1)}{\beta(8\eta-\beta\Delta^2)L_1}-\frac{t(\Delta\bar{\phi}-\beta\Delta c_m+\beta\Delta^2\tau_0-8\eta\tau_0)+2t^2}{\beta\Delta^2-8\eta}$$

$$\pi_{RS}^{*}=\frac{16\eta^2(\sigma_0^4L_2+(\bar{\phi}-\beta c_m)^2L_1)}{4\beta(\beta\Delta^2-8\eta)^2L_1}+\frac{\beta\Delta^2t^2-4\Delta\eta t(\beta c_m-\bar{\phi})}{(\beta\Delta^2-8\eta)^2}$$

从引理 6.2 和引理 6.4 中可以发现，两种情形下供应链成员的事前利润都受到供应链成员预测信息的准确性（σ_m 和 σ_r）、市场不确定性（σ_0）和制造商与零售商预测信息的相关性（ρ）的影响。因此，接下来主要分析这些参数如何影响供应链成员的事前利润。首先分析预测信息准确性的直接影响，即供应链成员一方的预测准确性对自身利润的影响；其次分析预测信息准确性的溢出影响，即供应链成员一方的预测准确性对另一方利润的影响；再次分析市场不确定性如何影响上述预测准确性的直接影响和溢出影响；最后分析两种预测信息的相关性对事前利润的影响。命题 6.1 对上述影响进行了归纳。

命题 6.1 对于制造商直接回收模型，（1）需求预测信息准确性的直接影响如下：

$$\frac{\partial\prod_{MS}^{M*}}{\partial\sigma_m}<0,\ \frac{\partial\prod_{MN}^{M*}}{\partial\sigma_m}<0,\ \frac{\partial\prod_{RN}^{M*}}{\partial\sigma_r}<0,\ \frac{\partial\prod_{RS}^{M*}}{\partial\sigma_r}<0$$

（2）需求预测信息准确性的直接影响受市场不确定性的影响如下：

$$\frac{\partial^2\prod_{MS}^{M*}}{\partial\sigma_m\partial\sigma_0}<0,\ \frac{\partial^2\prod_{MN}^{M*}}{\partial\sigma_m\partial\sigma_0}<0,\ \frac{\partial\prod_{RN}^{M*}}{\partial\sigma_r}<0,\ \frac{\partial^2\prod_{RS}^{M*}}{\partial\sigma_r\partial\sigma_0}<0$$

（3）需求预测信息准确性的溢出影响如下：

$$\frac{\partial\prod_{MS}^{M*}}{\partial\sigma_r}<0,\ \frac{\partial\prod_{RS}^{M*}}{\partial\sigma_m}<0,\ \frac{\partial\prod_{MN}^{M*}}{\partial\sigma_r}=0$$

（4）需求预测信息准确性的溢出影响受市场不确定性的影响如下：

$$\frac{\partial^2\prod_{MS}^{M*}}{\partial\sigma_r\partial\sigma_0}<0,\ \frac{\partial^2\prod_{RS}^{M*}}{\partial\sigma_m\partial\sigma_0}<0,\ \frac{\partial^2\prod_{MN}^{M*}}{\partial\sigma_r\partial\sigma_0}=0$$

（5）制造商和零售商需求预测信息的相关性对供应链成员利润的

影响如下：

$$\frac{\partial\prod_{MS}^{M*}}{\partial\rho}<0,\ \frac{\partial\prod_{RS}^{M*}}{\partial\rho}<0,\ \frac{\partial\prod_{RN}^{M*}}{\partial\rho}<0,\ \frac{\partial\prod_{MN}^{M*}}{\partial\rho}=0$$

证明：先证制造商预测信息准确性的直接影响。在6.2节中假设过$\rho\leqslant 1$，$\rho\sigma_m<\sigma_r$，另外$\eta\geqslant\eta_1^M$，因此通过对$\prod_{MS}^{M*}$和$\prod_{MN}^{M*}$求关于σ_m的偏导数，可以得到

$$\frac{\partial\prod_{MS}^{M*}}{\partial\sigma_m}=\frac{2\eta(\rho^2-1)\sigma_0^4\sigma_m\sigma_r^3(\rho\sigma_m-\sigma_r)}{\beta(\beta\Delta^2-8\eta)(L_1)^2}<0$$

$$\frac{\partial\prod_{MN}^{M*}}{\partial\sigma_m}=\frac{2\eta\sigma_0^4\sigma_m}{\beta(\sigma_m^2+\sigma_0^2)^2(\beta\Delta^2-8\eta)}<0$$

再对上述结果求关于σ_0的偏导数，可以得到制造商预测信息准确性的直接影响受市场不确定性的影响：

$$\frac{\partial^2\prod_{MS}^{M*}}{\partial\sigma_m\partial\sigma_0}=\frac{8\eta(\rho^2-1)^2\sigma_0^3\sigma_m^3\sigma_r^5(\rho\sigma_m-\sigma_r)}{\beta(8\eta-\beta\Delta^2)(L_1)^3}<0$$

$$\frac{\partial^2\prod_{MN}^{M*}}{\partial\sigma_m\partial\sigma_0}=\frac{8\eta\sigma_0^3\sigma_m^3}{\beta(\sigma_m^2+\sigma_0^2)^3(\beta\Delta^2-8\eta)}<0$$

最后证明需求预测信息的相关性ρ对制造商在信息分享和不分享两种情形下的利润影响。通过对$\prod_{MS}^{M*}$和$\prod_{MN}^{M*}$求关于ρ的偏导数，可以得到

$$\frac{\partial\prod_{MS}^{M*}}{\partial\rho}=-\frac{2\eta\sigma_0^4\sigma_m^2\sigma_r^2(\rho\sigma_m^2-(\rho^2+1)\sigma_m\sigma_r+\rho\sigma_r^2)}{\beta(\beta\Delta^2-8\eta)(L_1)^2}<0,\ \frac{\partial\prod_{MN}^{M*}}{\partial\rho}=0$$

类似地，可以证明命题6.1中的其余结论。证毕。

命题6.1（1）表明：准确的需求预测信息具有积极的直接影响，即制造商和零售商的需求预测信息越准确（即需求预测信息的方差越小），他们从中获取的收益就越多。这主要是因为越准确的需求信息，制造商和零售商就能更好地做出决策，从而能获得更高的利润。它的管理启示在于，供应链成员应该使自己的需求预测信息更加准确。

命题6.1（2）表明：市场不确定性对需求预测信息准确性的直接

影响有正向的影响，即市场不确定性越大，准确的需求预测信息的直接影响也就越大，也就是供应链成员能从同等精度的需求预测信息中获益更大。这说明在高度不确定性的市场中，需求预测信息准确性的边际价值越大。因此，供应链成员应该在高度不确定性的市场中更应该确保需求预测信息的准确性。

命题6.1（3）表明：在信息分享情形下，准确的需求预测信息具有积极的溢出影响，即制造商和零售商能从对方准确的需求预测信息（即方差较小的预测信息）中获益。这是因为在信息分享情形下，供应链成员同时拥有双方的需求预测信息，当一方的需求预测信息的准确性在提高时，另一方能够及时更新并提高自己拥有信息的准确性，进而能够做出更好的决策赢得更高的利润。结合命题6.1（1）中的结论，可以知道在信息分享情形下，供应链成员一方提高自己的需求预测精度，不仅可以使自己获益，还可以使对方获益，因此是一个双赢的做法。此外，命题6.1（3）还表明：在信息不分享情形下，零售商需求预测信息准确性的溢出影响等于零，即零售商需求预测信息精度的改变不会影响制造商的利润。这主要是因为在这种情形下，零售商的信息精度是私有信息，制造商不能获知，因此制造商的利润不受其影响。由于制造商预测信息准确性的溢出影响的表达式非常复杂难以判断，因此会在6.5节中借助数值算例进行分析。

命题6.1（4）表明：在信息分享情形下，随着市场不确定性增大，需求预测信息准确性的溢出影响也在变大，意味着供应链成员一方的信息精度在提高相同水平时能获取到更多的收益。而在信息不分享情形下，由于零售商信息精度的变化对制造商的利润不产生影响，因此，即使市场的不确定性在变化，制造商的利润仍然不会受到影响。

命题6.1（5）表明：随着制造商和零售商的需求预测信息相关性在增加，制造商和零售商间的需求预测信息的互补性在减弱，可替代性在增强，因此制造商和零售商的利润在减少。而在信息不分享情形下，制造商由于不能获知到零售商的需求预测信息，因此制造商的利润不受需求预测信息相关性的影响。

6.3.3　均衡的信息分享策略

接下来，通过比较制造商和零售商获得的事前利润，可以得到信息分享对于制造商、零售商和供应链的价值（分别用 V_M^{M*}、V_R^{M*} 和 V_S^{M*} 表示），进而可以得到制造商和零售商在第一阶段均衡的信息分享策略。

首先，基于引理 6.2 和引理 6.4 中的结论可以得到如下结果：

$$\begin{cases} V_M^{M*} = \prod_{MS}^{M*} - \prod_{MN}^{M*} = \dfrac{\eta\sigma_0^4\sigma_m^2(\sigma_m - \rho\sigma_r)^2}{\beta(8\eta - \beta\Delta^2)(\sigma_0^2 + \sigma_m^2)L_1} \\ V_R^{M*} = \prod_{RS}^{M*} - \prod_{RN}^{M*} = -\dfrac{(\beta\Delta^2 - 12\eta)(\beta\Delta^2 - 4\eta)\sigma_0^4\sigma_m^2(\sigma_m - \rho\sigma_r)^2}{4\beta(\beta\Delta^2 - 8\eta)^2(\sigma_0^2 + \sigma_m^2)L_1} \\ V_S^{M*} = V_M^{M*} + V_R^{M*} = -\dfrac{(\beta^2\Delta^4 - 12\beta\Delta^2\eta + 16\eta^2)\sigma_0^4\sigma_m^2(\sigma_m - \rho\sigma_r)^2}{4\beta(\beta\Delta^2 - 8\eta)^2(\sigma_0^2 + \sigma_m^2)L_1} \end{cases} \tag{6.1}$$

其次，通过对式（6.1）的进一步分析，可以得到命题 6.2。为方便叙述，令 $\bar{\phi}_1^M = \beta c_m + \beta\Delta$，$\bar{\phi}_2^M = \beta c_m + (2 + \sqrt{5})\beta\Delta$，$\eta_2^M = \beta\Delta^2/4$，$\eta_3^M = (3 + \sqrt{5})\beta\Delta^2/8$，$t_1^M = \Delta(\beta c_m + \beta\Delta - \bar{\phi})/4$，$t_2^M = \Delta(\beta c_m + (2 + \sqrt{5})\beta\Delta - \bar{\phi})/4$。

命题 6.2　对于制造商直接回收模型，（1）制造商总能从需求预测信息分享中获益，即 $V_M^{M*} > 0$。

（2）对于一个潜在的市场平均规模较小的市场，即 $\beta c_m < \bar{\phi} < \bar{\phi}_1^M$，$V_R^{M*} \geqslant 0$ 等价于 $\eta_1^M \leqslant \eta \leqslant \eta_2^M$，$V_R^{M*} < 0$ 等价于 $\eta > \max(\eta_1^M, \eta_2^M)$；$V_S^{M*} \geqslant 0$ 等价于 $\eta_1^M \leqslant \eta \leqslant \eta_3^M$，$V_S^{M*} < 0$ 等价于 $\eta > \max(\eta_1^M, \eta_3^M)$。

（3）对于一个潜在的市场平均规模是中等的市场，即 $\bar{\phi}_1^M \leqslant \bar{\phi} <$

$\bar{\phi}_2^M$，对于 $\eta \geqslant \eta_1^M$，$V_R^{M*} \leqslant 0$；$V_S^{M*} \geqslant 0$ 等价于 $\eta_1^M \leqslant \eta \leqslant \eta_3^M$，$V_S^{M*} < 0$ 等价于 $\eta > \max(\eta_1^M, \eta_3^M)$。

（4）对于一个潜在的市场平均规模较大的市场，即 $\bar{\phi} \geqslant \bar{\phi}_2^M$，对于 $\eta \geqslant \eta_1^M$，$V_R^{M*} \leqslant 0$，$V_S^{M*} \leqslant 0$。

证明：首先，判断 η_1^M、η_2^M 和 η_3^M 的大小。因为 $\eta_3^M - \eta_2^M = \frac{(1+\sqrt{5})\beta\Delta^2}{8} > 0$，

所以 $\eta_3^M > \eta_2^M$。当 $\beta c_m < \bar{\phi} < \bar{\phi}_1^M$ 时，$t_1^M > 0$。进而可以得到：当 $0 \leqslant t < t_1^M$ 时，$\eta_1^M < \eta_2^M < \eta_3^M$；当 $t_1^M \leqslant t < t_2^M$，$\eta_2^M \leqslant \eta_1^M < \eta_3^M$；当 $t \geqslant t_2^M$，$\eta_2^M < \eta_3^M \leqslant \eta_1^M$。当 $\bar{\phi}_1^M \leqslant \bar{\phi} < \bar{\phi}_2^M$ 时，$t_1^M \leqslant 0$，$t_2^M > 0$。进而可以得到：当 $0 \leqslant t < t_2^M$ 时，$\eta_2^M \leqslant \eta_1^M < \eta_3^M$；当 $t \geqslant t_2^M$，$\eta_2^M < \eta_3^M \leqslant \eta_1^M$。当 $\bar{\phi} \geqslant \bar{\phi}_2^M$ 时，$t_2^M \leqslant 0$。进而可以得到：当 $t \geqslant 0$，$\eta_2^M < \eta_3^M \leqslant \eta_1^M$。

其次，对命题 6.2（1）进行证明。因为 $L_1 > 0$，所以容易得到 $V_M^{M*} > 0$。

对于命题 6.2（2），当 $\beta c_m < \bar{\phi} < \bar{\phi}_1^M$ 时，对于 $0 < t < t_1^M$，当 $\eta_1^M \leqslant \eta \leqslant \eta_2^M$，$(\beta\Delta^2 - 12\eta)(\beta\Delta^2 - 4\eta) < 0$，$\beta^2\Delta^4 - 12\beta\Delta^2\eta + 16\eta^2 < 0$，因此 $V_R^{M*} > 0$，$V_S^{M*} > 0$；当 $\eta_2^M \leqslant \eta \leqslant \eta_3^M$，$(\beta\Delta^2 - 12\eta)(\beta\Delta^2 - 4\eta) > 0$，$\beta^2\Delta^4 - 12\beta\Delta^2\eta + 16\eta^2 < 0$，因此 $V_R^{M*} < 0$，$V_S^{M*} > 0$；当 $\eta > \eta_3^M$，$(\beta\Delta^2 - 12\eta)(\beta\Delta^2 - 4\eta) > 0$，$\beta^2\Delta^4 - 12\beta\Delta^2\eta + 16\eta^2 > 0$，因此 $V_R^{M*} < 0$，$V_S^{M*} < 0$。对于 $t_1^M \leqslant t < t_2^M$，当 $\eta_1^M \leqslant \eta \leqslant \eta_3^M$，可以得到 $V_R^{M*} < 0$，$V_S^{M*} > 0$；当 $\eta > \eta_3^M$，可以得到 $V_R^{M*} < 0$，$V_S^{M*} < 0$。对于 $t \geqslant t_2^M$，可以得到对于 $\eta > \eta_1^M$，$V_R^{M*} < 0$，$V_S^{M*} < 0$。因此，命题 6.2（2）得证。同理，可以证明命题 6.2 中的剩余部分。证毕。

命题 6.2（1）中得到的结论与哈等（2011）等文献得到结论相一致。这主要是因为当零售商分享其需求预测信息后，制造商可以依据此来更新自己的预测信息，从而使自己拥有的信息越准确，由命题

6.1（2）中得到的结论可知，制造商会因为拥有更准确的信息而获得更多的利润，即从需求预测信息分享中获益。

命题 6.2（2）可以用图 6－1 形象的表述。它暗示着政府的奖惩机制会影响到信息分享对于供应链成员的价值，进而会影响到供应链成员需求信息分享的策略。当政府的奖惩力度较大时（$t \geq t_2^M$），零售商及整个供应链都不能从信息分享中获益，因此此时供应链成员间将不会达成信息分享的协议。

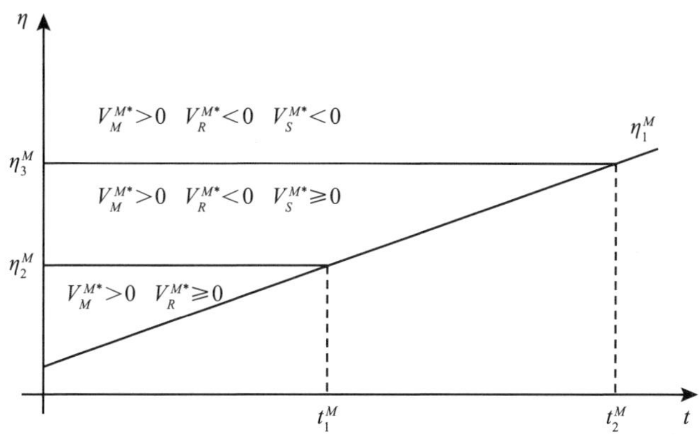

图 6－1　$\beta c_m < \bar{\phi} < \bar{\phi}_1^M$ 时信息分享对于供应链成员的价值

当政府的奖惩力度较小时（$0 \leq t \leq t_1^M$），如果制造商的回收成本系数也较小（$\eta_1^M \leq \eta \leq \eta_2^M$），那么零售商分享其需求预测信息会对自己有利，即使不存在政府的奖惩机制（即 $t=0$ 时）。这主要是因为在制造商负责回收的闭环供应链中，当制造商的回收成本系数较小时，零售商分享其需求预测信息会使制造商选择一个更优的回收率，可以提高逆向供应链的绩效，使得制造商在权衡生产成本和回收成本方面达到最优的状态，进而使得制造商会调整其批发价，最终使得零售商获益。这说明零售商会在此种情形下自愿分享其需求预测信息。因此，即使不存在任何激励机制，当 $0 \leq t \leq t_1^M$ 且 $\eta_1^M \leq \eta \leq \eta_2^M$ 时，制造商和零售商会在博弈的第一阶段达成需求预测信息分享的协议。需要指出的是，相对于之前大部分信息分享研究文献，如米什拉等（2009）、哈等（2011）等，本章得出的零售商自愿分享信息是一个新的发现。尽管商等（2016）得到了相似的结论，但是商等（2016）是只有在制造商规模经济效应很大的时候。而本章在没有考虑规模经济效应时仍然可以得到此结论，是对商等（2016）的一种拓展。

命题 6.2（2）还表明，当制造商的回收处理效率处于一个中间水平时，即 $\max(\eta_1^M, \eta_2^M) < \eta < \eta_3^M$ 时，可以通过设计一种机制促使零售商分享信息，即使零售商分享需求信息后会丧失一些议价优势，导致利润减少。因为此时整个供应链能从中获益，获得更高的利润。

命题 6.2（3）可以用图 6－2 形象的表述。对于一个潜在的市场平均规模是中等的市场，当 $0 \leqslant t \leqslant t_2^M$ 且 $\eta_1^M \leqslant \eta \leqslant \eta_3^M$ 时，可以通过设计一个激励机制促使零售商分享其需求预测信息，因为此时信息分享会使得整个供应链获益，即使零售商会受损。而当 $\eta > \max(\eta_1^M, \eta_3^M)$ 时，零售商将不会分享其需求预测信息，因为此时信息分享不仅会使零售商受损，还会使得整个供应链的利润减少。同样的结果在一个潜在的市场平均规模较大的市场中也会出现，即命题 6.2（4）中的结论。

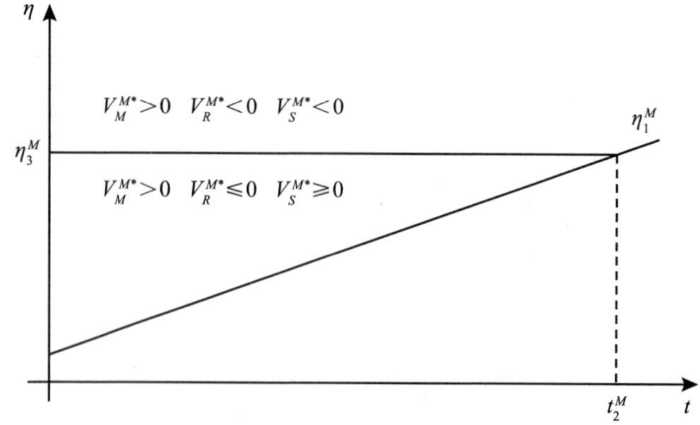

图 6－2 $\bar{\phi}_1^M \leqslant \bar{\phi} < \bar{\phi}_2^M$ 时信息分享对于供应链成员的价值

接下来讨论供应链中均衡的信息分享策略。基于命题 6.2 中的分析结果可知：当 $\eta > \max(\eta_1^M, \eta_3^M)$ 时，信息分享会使得整个供应链利益受损，因此此时零售商将不会分享其需求预测信息；当 $\beta c_m < \bar{\phi} < \bar{\phi}_1^M$ 且 $\eta_1^M \leqslant \eta \leqslant \eta_2^M$ 时，零售商会自愿分享其需求预测信息分享的协议；当 $\max(\eta_1^M, \eta_2^M) \leqslant \eta \leqslant \eta_3^M$ 时，可以通过设计一个激励机制促使零售商进行信息分享，以实现帕累托改进。因此，接下来主要探讨当 $\max(\eta_1^M, \eta_2^M) \leqslant \eta \leqslant \eta_3^M$ 时，是否可以通过设计一个讨价还价机制实现供应链成员间的需求预测信息分享。

考察一个讨价还价机制，在讨价还价过程中，假设制造商和零售商的讨价还价能力分别为 α_1，α_2，且 $\alpha_1 + \alpha_2 = 1$。信息分享后，通过讨价还价，制造商和零售商希望获得的利润分别为 x 和 y。且制造商和零售商希望获得的利润不能低于他们信息分享前获得的利润 $\prod_{MN}^{M*}$ 和 $\prod_{RN}^{M*}$。此外，信息分享后，整个供应链的利润为 $\prod_{MS}^{*} + \prod_{RS}^{*}$，制造商和零售商就此进行讨价还价，确定自己分配到的份额。参考纳加拉扬和巴索克（Nagarajan and Bassok，2008），制造商和零售商之间的讨价还价模型可以描述如下：

$$\max_{x,y}(x - \prod_{MN}^{M*})^{\alpha_1}(y - \prod_{RN}^{M*})^{\alpha_2}$$

$$\begin{aligned} \text{s.t.} \quad & x - \prod_{MN}^{M*} \geqslant 0 \\ & y - \prod_{RN}^{M*} \geqslant 0 \\ & x + y \leqslant \prod_{MS}^{M*} + \prod_{RS}^{M*} \\ & \alpha_1 + \alpha_2 = 1 \end{aligned}$$

求解上述问题可以得到：$x = \prod_{MN}^{M*} + \alpha_1 V_S^{M*}$，$y = \prod_{RN}^{M*} + \alpha_2 V_S^{M*}$，即信息分享后，通过讨价还价机制，制造商和零售商都可以获益，且增加的收益分别为 $\alpha_1 V_S^{M*}$ 和 $\alpha_2 V_S^{M*}$。此外，供应链成员增加的收益与其讨价还价能力呈正相关，如果一方的讨价还价能力越大，他就能分到更大的份额。最后，命题 6.3 对制造商直接回收模型下的均衡信息分享策略进行了归纳。

命题6.3 对于制造商直接回收模型，（1）当 $\beta c_m < \bar{\phi} < \bar{\phi}_1^M$ 且 $\eta_1^M \leqslant \eta \leqslant \eta_2^M$ 时，在没有任何激励机制的情况下，零售商信息分享是一个均衡；（2）当 $\beta c_m < \bar{\phi} < \bar{\phi}_2^M$ 且 $\max(\eta_1^M, \eta_2^M) \leqslant \eta \leqslant \eta_3^M$ 时，通过一个讨价还价机制可以促使零售商进行信息分享；（3）在其他情况下，零售商信息不分享是一个均衡。

6.4 制造商依赖零售商回收模型

与上一节分析类似，本节首先分析信息分享和不分享两种情形下制造商和零售商的均衡策略，基于此，求得制造商和零售商的事前利润，进而可得到信息分享对于供应链成员的价值以及供应链中的均衡信息分享策略。

6.4.1 信息不分享情形

首先分析零售商在博弈的第一阶段不分享其需求预测信息。此种情形下，制造商只拥有自己需求预测信息 f_m，而零售商同时具有需求预测信息 f_r 和 f_m。由6.2节对制造商依赖零售商回收废旧产品模型的描述和假设，可以得到制造商和零售商在博弈第三阶段的条件期望利润，如下：

$$\pi_{MN}^R = E[(\phi - \beta p_N^R)(w_N^R - c_m + \Delta\tau_N^R - b\tau_N^R) + t(\tau_N^R - \tau_0) \mid f_m]$$

$$\pi_{RN}^R = E[(\phi - \beta p_N^R)(p_N^R - w_N^R + b\tau_N^R) - \eta(\tau_N^R)^2 \mid f_r, f_m]$$

在博弈的第三阶段，作为Stackelberg博弈的跟随者，给定需求预测信息 f_m，f_r 和制造商的批发价 w_N^R，零售商决策零售价和回收率以最优化其期望利润 π_{RN}^R。通过联立求解 π_{RN}^R 的一阶偏导数

$$\begin{cases}\dfrac{\partial\pi_{RN}^{R}}{\partial p_{N}^{R}}=\beta(w_{N}^{R}-b\tau_{N}^{R}-2p_{N}^{R})+\phi_1=0\\ \dfrac{\partial\pi_{RN}^{R}}{\partial\tau_{N}^{R}}=b\phi_1-b\beta p_{N}^{R}-2\eta\tau_{N}^{R}=0\end{cases}$$

可以得到零售商的最优反应函数：

$$p_{N}^{R*}=\frac{\phi_1(b^2\beta-2\eta)-2\beta\eta w_{N}^{R}}{\beta(b^2\beta-4\eta)},\quad \tau_{N}^{R*}=\frac{b(\beta w_{N}^{R}-\phi_1)}{b^2\beta-4\eta}$$

且当 $\eta>\frac{\beta b^2}{4}$ 时零售商的期望利润函数 π_{RN}^{R} 是一个凹函数。

在信息不分享情形下，给定零售商的最优反应函数，由于零售商的需求预测信息 f_r 对于制造商而言是不对称信息，因此，制造商在进行决策时需要依据自己的需求预测信息 f_m 对零售商的最优决策求条件期望。经过化简可以得到制造商的目标函数：

$$\pi_{MN}^{R}=\frac{2\eta(\beta w_{N}^{R}-\phi_2)}{b^2\beta-4\eta}\left(\frac{(\Delta-b)(b(\beta w_{N}^{R}-\phi_2))}{b^2\beta-4\eta}+w_{N}^{R}-c_m\right)+\frac{tb(\beta w_{N}^{R}-\phi_2)}{b^2\beta-4\eta}-t\tau_0$$

通过求解 π_{MN}^{R} 关于 w_{N}^{R} 的一阶条件可以得到制造商的最优批发价 w_{N}^{R*}。再将 w_{N}^{R*} 代入到 p_{N}^{R*} 和 τ_{N}^{R*} 中化简可以得到零售商的最优决策。最后，将 w_{N}^{R*}，p_{N}^{R*} 和 τ_{N}^{R*} 代入到 π_{MN}^{R} 和 π_{RN}^{R} 中化简可以得到制造商和零售商获得的期望利润。类似，在制造商依赖零售商回收模型中，假设零售商的回收成本系数 η 较大且满足条件 $\eta>\eta_1^{R}=b(\sqrt{(\bar{\phi}+2\beta\Delta-\beta c_m)^2+16\beta t}+b\bar{\phi}+2b\beta\Delta-b\beta c_m)/16$。在引理 6.5 中对此种情形下供应链成员的均衡结果进行了归纳。

引理 6.5　对于制造商依赖零售商回收模型，在信息不分享情形下，制造商和零售商的最优决策如下：

$$w_{N}^{R*}=\frac{2\beta b\Delta\phi_2-\beta b^2\phi_2-4\eta\phi_2+\beta^2b^2c_m-4\beta\eta c_m}{2\beta(b\beta\Delta-4\eta)}-\frac{bt(b^2\beta-4\eta)}{4\eta(b\beta\Delta-4\eta)}$$

$$p_N^{R*}=\frac{\phi_1(b^2\beta-2\eta)(b\beta\Delta-4\eta)+\eta\phi_2(\beta b^2-2\beta b\Delta+4\eta)-\beta\eta c_m(b^2\beta-4\eta)}{\beta(b^2\beta-4\eta)(b\beta\Delta-4\eta)}+\frac{bt}{2(b\beta\Delta-4\eta)}$$

$$\tau_N^{R*}=\frac{b(\phi_2(2\beta b\Delta-b^2\beta-4\eta)+\beta c_m(b^2\beta-4\eta)-2\phi_1(b\beta\Delta-4\eta))}{2(b^2\beta-4\eta)(b\beta\Delta-4\eta)}-\frac{b^2\beta t}{4\eta(b\beta\Delta-4\eta)}$$

相应地，制造商和零售商的期望利润如下：

$$\pi_{MN}^{R*}=\frac{\eta\phi_2^2(\beta b^2-2\beta b\Delta+4\eta)^2}{2\beta(b^2\beta-4\eta)^2(b\beta\Delta-4\eta)}-\frac{2b\eta\phi_1^2(b-\Delta)}{(b^2\beta-4\eta)^2}-\frac{\eta\phi_1\phi_2(\beta b^2-2\beta b\Delta+4\eta)^2}{\beta(b^2\beta-4\eta)^2(b\beta\Delta-4\eta)}+\frac{\phi_1\eta c_m}{b\beta\Delta-4\eta}-\frac{b^2\beta t^2}{8\eta(b\beta\Delta-4\eta)}-\frac{\beta\eta c_m^2+bt\phi_1}{2(b\beta\Delta-4\eta)}-\frac{2b\beta\Delta t\tau_0-b\beta tc_m-8\eta t\tau_0}{2(b\beta\Delta-4\eta)}$$

$$\pi_{RN}^{R*}=\frac{(2\eta\phi_2(\beta b^2-2\beta b\Delta+4\eta)+\beta(b^2\beta-4\eta)(bt-2\eta c_m)+4\eta\phi_1(b\beta\Delta-4\eta))^2}{16\beta\eta(4\eta-b^2\beta)(b\beta\Delta-4\eta)^2}$$

在获取需求预测信息 f_m 和 f_r 前，通过对 π_{MN}^{R*} 和 π_{RN}^{R*} 求关于 f_m 和 f_r 的期望可以得到制造商和零售商在信息不分享情形下的事前利润，见引理 6.6。

引理 6.6 对于制造商依赖零售商回收模型，在信息不分享情形下，制造商和零售商的事前利润

$$\prod_{MN}^{R*}=L_4-\frac{\eta\beta^2L_1c_m^2(\sigma_m^2+\sigma_0^2)(b^2\beta-4\eta)^2+L_2\eta\sigma_0^4\sigma_0^2(b^2\beta-4\eta)^2+\eta\sigma_m^2\sigma_0^4L_{41}}{2\beta L_1(\sigma_m^2+\sigma_0^2)(b^2\beta-4\eta)^2(b\beta\Delta-4\eta)}$$

$$\prod_{RN}^{R*}=L_5-\frac{\eta\beta^2L_1c_m^2(\sigma_m^2+\sigma_0^2)(b^2\beta-4\eta)^2+L_2\eta\sigma_0^4\sigma_0^2(b^2\beta-4\eta)^2+\eta\sigma_0^4\sigma_m^2L_{51}}{4\beta L_1(\sigma_m^2+\sigma_0^2)(b^2\beta-4\eta)(b\beta\Delta-4\eta)^2}$$

其中，

$$L_4=\frac{(2b\beta\Delta\tau_0-8\eta\tau_0-b\beta c_m+b\bar{\phi})t}{2(4\eta-b\beta\Delta)}-\frac{b^2\beta t^2}{8\eta(b\beta\Delta-4\eta)}-\frac{\eta\bar{\phi}^2}{2\beta(b\beta\Delta-4\eta)}+\frac{\eta\bar{\phi}c_m}{b\beta\Delta-4\eta}$$

$$L_{41}=\sigma_r^2L_{411}+4b\beta(b-\Delta)\sigma_m^2(b\beta\Delta-4\eta)-8b\beta\rho(b-\Delta)\sigma_m\sigma_r(b\beta\Delta-4\eta)$$

$$L_{411}=4\beta^2b^3\Delta\rho^2+\beta^2b^4(\rho^2+1)-4\beta b^2(\beta\Delta^2\rho^2+2\eta(\rho^2+1))+16\beta b\Delta\eta\rho^2+16\eta^2(1-\rho^2)$$

$$L_5=\frac{b^2\beta t^2(4\eta-b^2\beta)}{16\eta(b\beta\Delta-4\eta)^2}+\frac{tb(b^2\beta-4\eta)(\beta c_m-\bar{\phi})}{4(b\beta\Delta-4\eta)^2}+\frac{\eta\bar{\phi}c_m(b^2\beta-4\eta)}{2(b\beta\Delta-4\eta)^2}-\frac{\eta\bar{\phi}^2(b^2\beta-4\eta)}{4\beta(b\beta\Delta-4\eta)^2}$$

$$L_{51}=\sigma_r^2L_{511}+4\sigma_m^2(b\beta\Delta-4\eta)^2-8\rho\sigma_m\sigma_r(b\beta\Delta-4\eta)^2$$

$$L_{511}=16\eta^2(3\rho^2+1)-\beta^2b^4(\rho^2-1)+4\beta b^2(\beta\Delta^2\rho^2+2\eta(\rho^2-1))-32\beta b\Delta\eta\rho^2$$

6.4.2　信息分享情形

当零售商分享其需求预测信息时，制造商也同时拥有需求预测信息f_m和f_r。此时，制造商和零售商的条件期望利润如下：

$$\prod\nolimits_{MS}^{R}=E[(\phi-\beta p_S^R)(w_S^R-c_m+\Delta\tau_S^R-b\tau_S^R)+t(\tau_S^R-\tau_0)\mid f_r,f_m]$$

$$\pi_{RS}^R=E[(\phi-\beta p_S^R)(p_S^R-w_S^R+b\tau_S^R)-\eta(\tau_S^R)^2\mid f_r,f_m]$$

由于分享需求预测信息对零售商的条件期望利润函数没有影响，因此，此种情形下零售商的最优反应函数$p_S^{R*}=p_N^{R*}$，$\tau_S^{R*}=\tau_N^{R*}$。将p_S^{R*}和τ_S^{R*}代入到π_{MS}^R中化简可以得到制造商实际的目标函数，如下：

$$\pi_{MS}^{R}=\frac{2\eta(\phi_1-\beta w_S^R)(\beta b^2 c_m+b(\Delta-b)\phi_1-4\eta c_m+(4\eta-b\beta\Delta)w_S^R)}{(b^2\beta-4\eta)^2}$$
$$-\frac{t((\beta b_1^2-4\eta)\tau_0+b\phi-b\beta w_S^R)}{b^2\beta-4\eta}$$

通过求解 π_{MS}^{R} 关于 w_S^R 的一阶条件可以得到制造商的最优批发价 w_S^{R*}。进而可以得到零售商的最优决策。最后，将 w_S^{R*}，p_S^{R*} 和 τ_S^{R*} 代入到 π_{MS}^{R}和 π_{RS}^{R}中化简可以得到制造商和零售商获得的期望利润。具体的均衡结果在引理 6.7 中进行了表述。

引理 6.7　对于制造商依赖零售商回收模型，在信息分享情形下，制造商和零售商的最优决策如下：

$$w_S^{R*}=\frac{\beta^2 b^2 c_m+2\beta b\Delta\phi_1-4\beta\eta c_m-\beta b^2\phi_1-4\eta\phi_1}{2\beta(b\beta\Delta-4\eta)}-\frac{bt(b^2\beta-4\eta)}{4\eta(b\beta\Delta-4\eta)}$$

$$p_S^{R*}=\frac{b\beta\Delta\phi_1-\beta\eta c_m-3\eta\phi_1}{\beta(b\beta\Delta-4\eta)}+\frac{bt}{2(b\beta\Delta-4\eta)}$$

$$\tau_S^{R*}=\frac{b(\beta c_m-\phi_1)}{2(b\beta\Delta-4\eta)}-\frac{b^2\beta t}{4\eta(b\beta\Delta-4\eta)}$$

相应地，制造商和零售商的期望利润如下：

$$\pi_{MS}^{R*}=\frac{8\beta\eta r_0 t(b\beta\Delta-4\eta)+(b\beta t+2\eta\phi_1)^2+4\beta^2\eta^2 c_m^2-4\beta\eta c_m(b\beta t+2\eta\phi_1)}{8\beta\eta(4\eta-b\beta\Delta)}$$

$$\pi_{RS}^{R*}=\frac{(4\eta-b^2\beta)(b\beta t-2\beta\eta c_m+2\eta\phi_1)^2}{16\beta\eta(b\beta\Delta-4\eta)^2}$$

通过对 π_{MS}^{R*} 和 π_{RS}^{R*} 求关于 f_m 和 f_r 的期望可以得到制造商和零售商在信息分享情形下的事前利润，见引理 6.8。

引理 6.8　对于制造商依赖零售商回收模型，在信息分享情形下，制造商和零售商的事前利润

$$\prod_{MS}^{R*}=L_4-\frac{\eta\beta^2 c_m^2 L_1+\eta\sigma_0^4 L_2}{2\beta(b\beta\Delta-4\eta)L_1}$$

$$\prod_{RS}^{R*}=L_5-\frac{\eta(b^2\beta-4\eta)(\beta^2 c_m^2 L_1+\sigma_0^4 L_2)}{4\beta(b\beta\Delta-4\eta)^2 L_1}$$

在制造商依赖零售商回收模型中，关于供应链成员预测信息的准确性（σ_m 和 σ_r）、市场不确定性（σ_0）和制造商与零售商预测信息的相关性（ρ）对供应链成员的事前利润的影响，研究发现，这些影响与制造商直接回收模型中的影响相同，即与命题 6.1 中结论相似，因此，在本节中不作详细论述。

6.4.3　均衡的信息分享策略

接下来讨论信息分享对于制造商、零售商和供应链的价值（分别用 V_M^{R*}、V_R^{R*} 和 V_S^{R*} 表示），以及制造商和零售商在第一阶段均衡的信息分享策略。通过对比引理 6.6 和引理 6.8 中的事前利润可以得到信息分享的价值：

$$\begin{cases} V_M^{R*} = \dfrac{\eta\sigma_0^4\sigma_m^2(\beta b^2 - 2\beta b\Delta + 4\eta)^2(\sigma_m - \rho\sigma_r)^2}{2\beta(\sigma_m^2 + \sigma_0^2)(b^2\beta - 4\eta)^2(4\eta - b\beta\Delta)L_1} \\ V_R^{R*} = \dfrac{\eta\sigma_0^4\sigma_m^2(\beta b^2 + 2\beta b\Delta - 12\eta)(\beta b^2 - 2\beta b\Delta + 4\eta)(\sigma_m - \rho\sigma_r)^2}{4\beta(\sigma_m^2 + \sigma_0^2)(4\eta - b^2\beta)(b\beta\Delta - 4\eta)^2L_1} \\ V_S^{R*} = \dfrac{\eta\sigma_0^4\sigma_m^2(\sigma_m - \rho\sigma_r)^2L_6}{4\beta(\sigma_m^2 + \sigma_0^2)(b^2\beta - 4\eta)^2(b\beta\Delta - 4\eta)^2L_1} \end{cases} \tag{6.2}$$

其中，

$$L_6 = (\beta b^2 - 2\beta b\Delta + 4\eta)(\beta^2 b^4 + 4\beta^2 b^3\Delta - 4\beta b^2(\beta\Delta^2 + 6\eta) + 16\beta b\Delta\eta + 16\eta^2)$$

通过对式（6.2）的进一步分析，可以得到命题 6.4。为方便叙述，令 $\bar{\phi}^R = 2\beta\Delta + \beta c_m - 2b\beta$，$\eta_2^R = b\beta(2\Delta - b)/4$，$t^R = (b - 2\Delta)(\bar{\phi} + \beta(2b - c_m - 2\Delta))/2$。

命题 6.4　对于制造商依赖零售商回收模型：

（1）制造商总能从需求预测信息分享中获益，即 $V_M^{R*} > 0$。

（2）对于一个潜在的市场平均规模较小的市场，即 $\bar{\phi}<\bar{\phi}^R$，当 $\eta_1^R\leqslant\eta\leqslant\eta_2^R$，$V_R^{R*}\geqslant0$，$V_S^{R*}\geqslant0$；当 $\eta>\max(\eta_1^R,\ \eta_2^R)$，$V_R^{R*}<0$，$V_S^{R*}<0$。

（3）对于一个潜在的市场平均规模较大的市场，即 $\bar{\phi}\geqslant\bar{\phi}^R$，对于 $\eta\geqslant\eta_1^R$，$V_R^{R*}<0$，$V_S^{R*}<0$。

证明：首先，判断 η_1^R 和 η_2^R 的大小。当 $\bar{\phi}<\bar{\phi}^R$ 时，可以推断 $t^R>0$。进而可以得到：当 $0\leqslant t<t^R$ 时，$\eta_1^R<\eta_2^R$；当 $t\geqslant t^R$ 时，$\eta_1^R\geqslant\eta_2^R$。当 $\bar{\phi}\geqslant\bar{\phi}^R$ 时，可以推断 $t^R\leqslant0$。进而可以得到 $\eta_1^R\geqslant\eta_2^R$。

由式（6.2）可知，$V_R^{R*}\leqslant0$ 等价于 $(\beta b^2+2\beta b\Delta-12\eta)(\beta b^2-2\beta b\Delta+4\eta)\leqslant0$。又因为 $\eta\geqslant\eta_1^R>b\beta(2\Delta+b)/12$，因此 $V_R^{R*}\leqslant0$ 等价于 $\eta\geqslant\max(\eta_1^R,\ \eta_2^R)$。$V_S^{R*}\leqslant0$ 等价于 $L_6\leqslant0$。又因为当 $\bar{\phi}<\bar{\phi}^R$ 时，

$$\eta\geqslant\eta_1^R>\frac{3\beta b^2}{4}+\frac{\beta b(\Delta-b)}{\sqrt{2}}-\frac{\beta b\Delta}{2}>\frac{1}{4}(3\beta b^2-2\beta b\Delta-2\sqrt{2}(b\beta(\Delta-b)))$$

因此 $V_S^{R*}\leqslant0$ 等价于 $\eta\geqslant\max(\eta_1^R,\ \eta_2^R)$。同理，可以证明 $V_R^{R*}\geqslant0$，$V_S^{R*}\geqslant0$ 的条件。证毕。

命题 6.4 可以通过图 6－3 形象地表达，即在制造商依赖零售商回收的闭环供应链模型中，当潜在的市场平均规模较小且零售商的回收处理效率较高时，零售商能够从需求信息分享中获益。此时，零售商会自愿分享其需求预测信息。除此之外，零售商分享其需求预测信息会使自己的利润减少，进而导致整个供应链的利润减少。此时，不存在一个激励机制使得零售商分享其需求预测信息。在命题 6.5 中对上述结论进行归纳。

命题 6.5 对于制造商依赖零售商回收模型，当 $\beta c_m<\bar{\phi}<\bar{\phi}^R$ 且 $\eta_1^R\leqslant\eta\leqslant\eta_2^R$，零售商信息分享是一个均衡，在其他情况下，零售商信息不分享是一个均衡。

结合命题 6.3 可以发现，在两种回收模型中，当潜在的市场平均规模较小且供应链成员的回收处理效率较高时，都存在一个自愿分享

信息的区间。

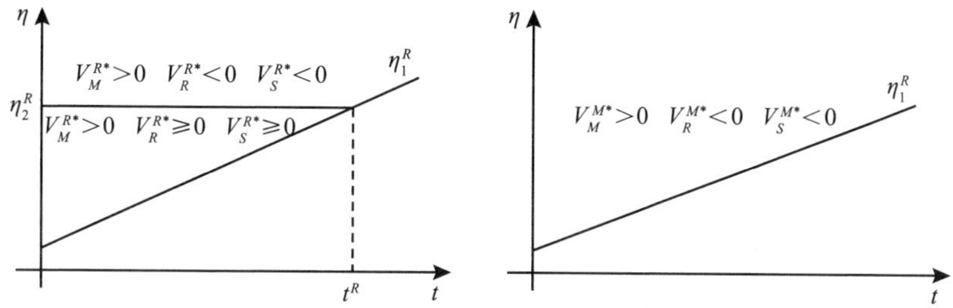

（a）$\bar{\phi}<\bar{\phi}^R$　　（b）$\bar{\phi}\geq\bar{\phi}^R$

图 6－3　信息分享对于供应链成员的价值

6.5　算例分析

本节主要借助数值算例的方式对本章主要命题进行验证分析。首先是对命题6.1 的主要结论进行验证分析。参考岳和刘（2006），相关的主要参数取值如下：$\bar{\phi}=250$，$\beta=8$，$\Delta=10$，$c_m=30$，$\tau_0=0.5$，$t=50$，$\eta=150$。另外，σ_0，σ_m，σ_r 和 ρ 的变动区间如下：$\sigma_0\in[0,60]$，$\sigma_m\in[0,60]$，$\sigma_r\in[0,60]$，$\rho\in[0,1]$。取值 $\sigma_0=30$，$\sigma_r=30$，$\rho=0.5$，变动 σ_m 可得制造商需求预测信息的准确性对信息分享和不分享两种情形下供应链成员利润的影响，如图 6－4 所示。取值 $\sigma_0=30$，$\sigma_m=30$，$\rho=0.5$，变动 σ_r 可得零售商需求预测信息的准确性对两种情形下供应链成员利润的影响，如图 6－5 所示。

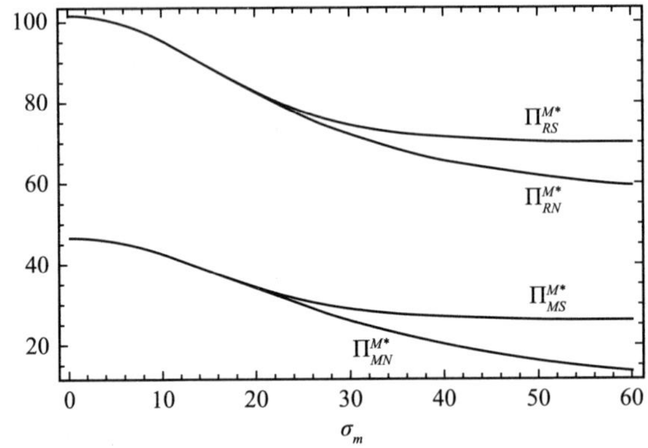

图 6－4　制造商需求预测信息的准确性对两种情形下供应链成员利润的影响

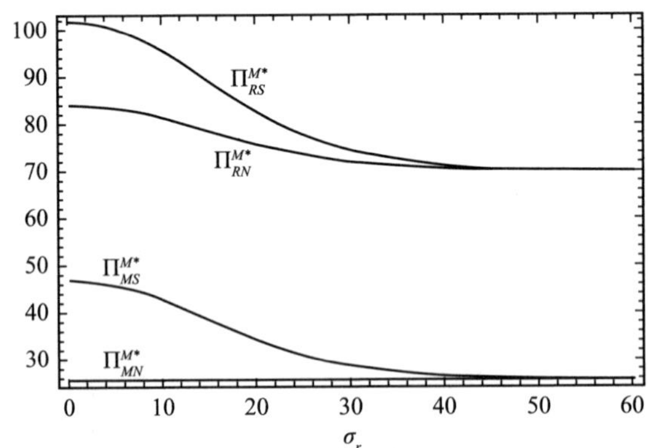

图 6－5　零售商需求预测信息的准确性对两种情形下供应链成员利润的影响

图 6－4 和图 6－5 综合反映出了需求预测信息的准确性的直接影响和溢出影响。关于直接影响：随着 $\sigma_m(\sigma_r)$ 的增加，即制造商（零售商）需求预测信息的准确性在降低，无论信息分享和不分享，制造商（零售商）的利润都在减少。关于溢出影响：除了 σ_r 的变动对 $\prod_{MN}^{M*}$ 无影响外，即在信息不分享情形下，制造商的利润不受零售商需求预测信息的准确性的影响；在其他情形下，随着 $\sigma_m(\sigma_r)$ 的增加，即制造商（零售商）需求预测信息的准确性在降低，零售商（制造

商）的利润都在减少。

分析市场不确定性对预测信息准确性的直接影响和溢出影响的影响。取值 $\sigma_m=30$，$\sigma_r=30$，$\rho=0.5$，变动 σ_0 可得图 6-6 和图 6-7。

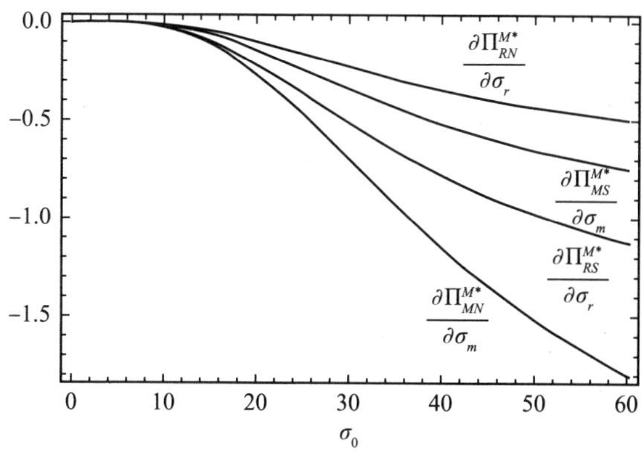

图 6-6　市场不确定性对预测信息准确性的直接影响的影响

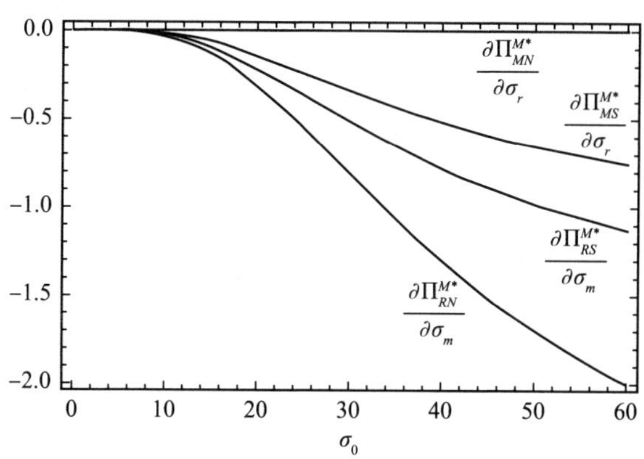

图 6-7　市场不确定性对预测信息准确性的溢出影响的影响

图 6-6 说明，对于一个市场不确定性较大的市场，$\frac{\partial\prod_{MS}^{M*}}{\partial\sigma_m}$ $\frac{\partial\prod_{MN}^{M*}}{\partial\sigma_m}$，

$\frac{\partial \prod_{RN}^{M*}}{\partial \sigma_r}$，$\frac{\partial \prod_{RS}^{M*}}{\partial \sigma_r}$较小，即需求预测信息的准确性提高一定水平时，制造商和零售商的利润增加的较多。同理，图 6－7 说明，对于一个市场不确定性 σ_0 较大的市场，$\frac{\partial \prod_{MS}^{M*}}{\partial \sigma_r}$，$\frac{\partial \prod_{RS}^{M*}}{\partial \sigma_m}$，$\frac{\partial \prod_{RN}^{M*}}{\partial \sigma_r}$较小，即需求预测信息的准确性提高一定水平时，制造商和零售商的利润增加的较多。

分析需求预测信息相关性对供应链成员利润的影响。取值 $\sigma_m = 30$，$\sigma_r = 30$，$\sigma_0 = 30$，变动 ρ 可得信息分享和不分享两种情形下供应链成员利润的变动趋势，如图 6－8 所示。

从图 6－8 可以看出，首先，随着需求预测信息相关性 ρ 的增加，除了信息不分享下制造商的利润不受影响外，其他情形下制造商和零售商的利润都在不断减少。

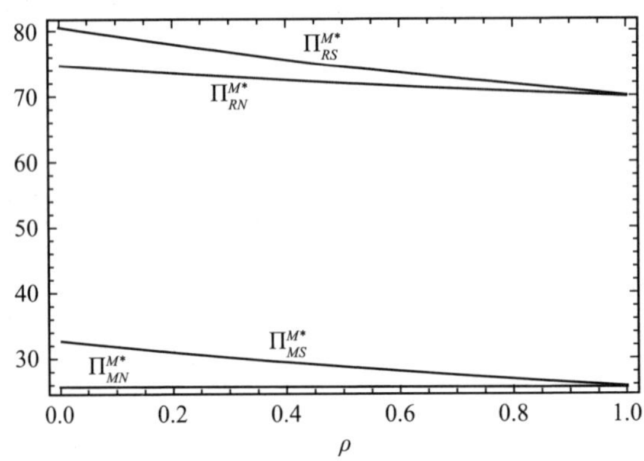

图 6－8　需求预测信息相关性对两种情形下供应链成员利润的影响

其次，对制造商直接回收模型中信息分享的价值和均衡的信息分享策略进行验证分析。相关的主要参数取值如下：$\beta = 8$，$\Delta = 10$，$c_m = 30$，$\tau_0 = 0.5$，$\sigma_0 = 30$，$\sigma_m = 30$，$\sigma_r = 30$，$\rho = 0.5$。

第一种情况（即 $\beta c_m < \overline{\phi} < \overline{\phi}_1^M$）取 $\overline{\phi} = 280$，$t \in \{40, 140, 800\}$，

变动 η 可得到不同奖惩力度下信息分享的价值，如图 6－9 所示。

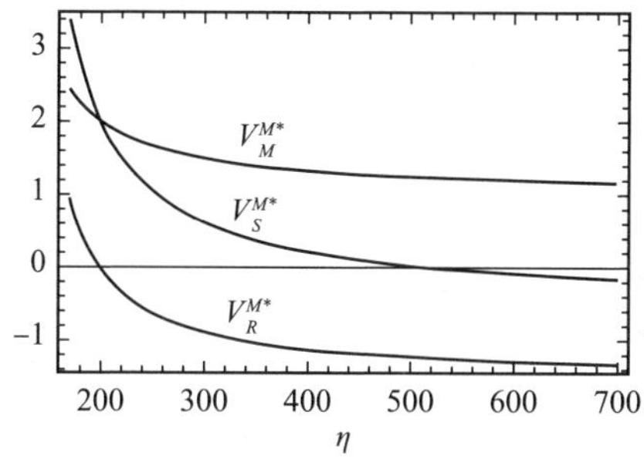

（a）t=40时信息分享的价值

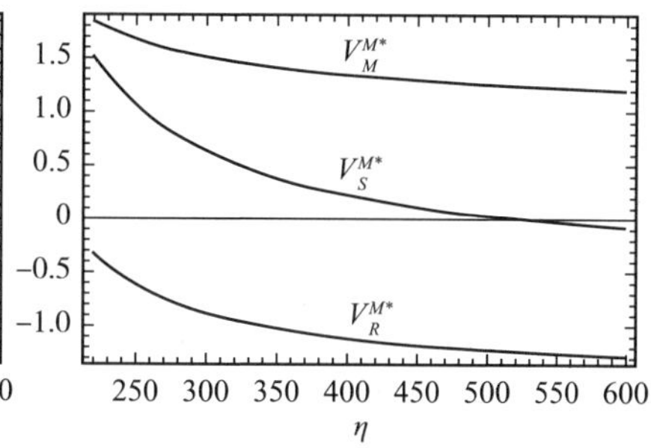

（b）t=140时信息分享的价值

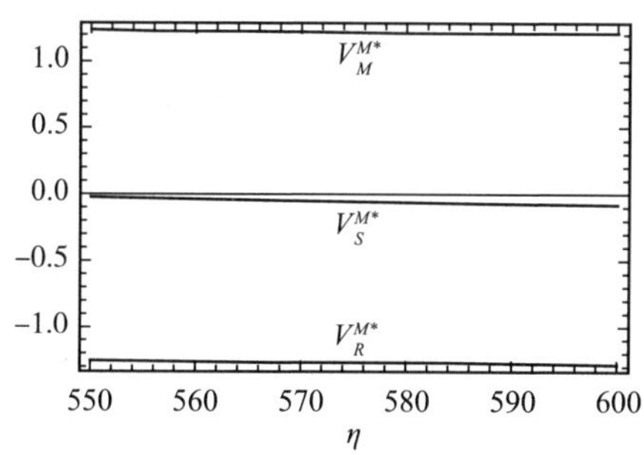

（c）t=800时信息分享的价值

图 6－9　$\bar{\phi}$ 较小时不同情形下信息分享的价值

图 6－9 表明当 $\bar{\phi}$ 较小时，政府的奖惩机制会影响到信息分享对于供应链成员的价值。当政府的奖惩力度很小时，比如 $t=40$，信息分享除了会对制造商和整个供应链有利外，当制造商的回收成本系数较小时信息分享还会对零售商有利。此时零售商会自愿分享其需求预测信息。当政府的奖惩力度较小时，比如 $t=40$ 和 $t=140$，存在一种可能，使得制造商和零售商可以通过讨价还价机制实现信息分享，因为此时供应链会从信息分享中获益，即 V_S^{M*} 会大于 0。当政府的奖惩力度较大时，比如 $t=800$，可以看出信息分享是不可能实现的，因为此时信息分享会使零售商和整个供应链利益受损。

第二种情况（即 $\overline{\phi}_1^M \leqslant \overline{\phi} < \overline{\phi}_2^M$）取 $\overline{\phi}=400$，$t \in \{200, 600\}$，变动 η 可得到不同奖惩力度下信息分享的价值，如图 6－10 所示。

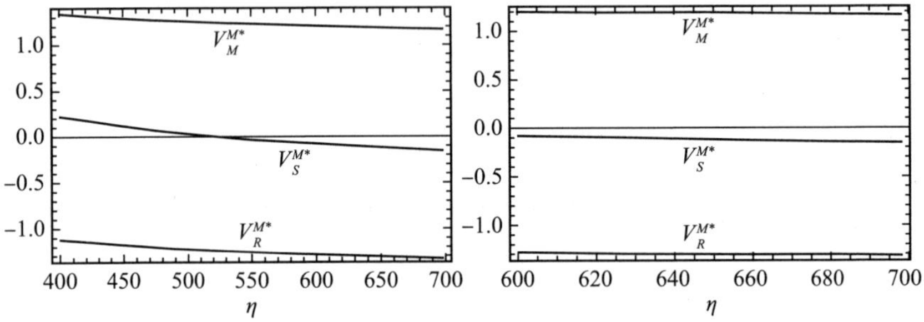

（a）t=200时信息分享的价值　　（b）t=600时信息分享的价值

图 6－10　$\overline{\phi}$ 中等时不同情形下信息分享的价值

图 6－10 表明当 $\overline{\phi}$ 是中等水平时，政府的奖惩机制会影响供应链中均衡的信息分享策略。当政府的奖惩力度较大时，比如 $t=600$，可以看出信息不分享是一个唯一的均衡，因为 V_S^{M*} 一直小于 0。当政府的奖惩力度较小时，比如 $t=200$，信息分享有可能是一种均衡，成为均衡的条件是制造商的回收成本系数较少，此时供应链会从信息分享中获益，即 V_S^{M*} 会大于 0。

第三种情况（即 $\overline{\phi} \geqslant \overline{\phi}_2^M$）取 $\overline{\phi}=700$，$t=100$，变动 η 可得到不同回收成本系数下信息分享的价值，如图 6－11 所示。

图 6－11 表明当 $\overline{\phi}$ 较大时，信息不分享是一个唯一的均衡，且该信息分享策略不受政府的奖惩机制影响，因为 V_R^{M*} 和 V_S^{M*} 一直小于 0。

最后，对命题 6.4 中的主要结论（在一定条件下零售商会从信息分享中获益）进行验证分析。主要参数取值如下：$\beta=8$，$\Delta=10$，$b=5$，$c_m=30$，$\tau_0=0.5$。另外，取 $\overline{\phi}=280$，$t=50$（即条件 $\overline{\phi} < \overline{\phi}^R$，$t < t^R$），变动 η 可得到不同回收成本系数下信息分享对于供应链成员的价值，如图 6－12 所示。

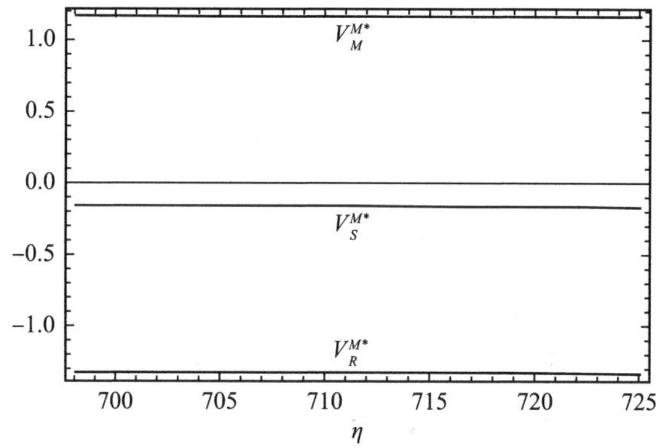

图 6－11　$\bar{\phi}$ 较大时不同情形下信息分享的价值

图 6－12 说明，当潜在平均市场规模和政府的奖惩力度都较小时，零售商分享其需求预测信息不仅会使制造商和整个供应链获益，自己的利润也会增加。因此，此时不需要任何激励机制零售商会自愿分享其需求预测信息，从而使自己的利润增加，即使自己的利润增加值比制造商的少。

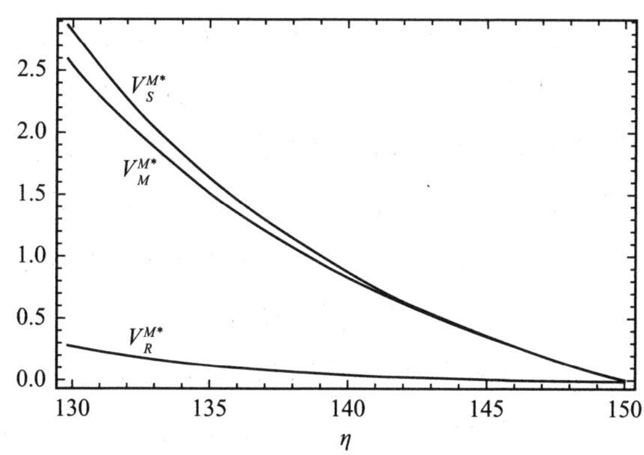

图 6－12　信息分享对供应链成员都有利的情形

6.6 本章小结

本章考虑政府回收法规的影响，分别在制造商直接回收的闭环供应链和制造商依赖零售商回收的闭环供应链中，研究了预测信息精度、市场不确定性和预测信息的相关性对供应链成员利润的影响以及供应链均衡的信息分享策略。研究发现：制造商在信息不分享情形下的利润不受预测信息精度、市场不确定性和预测信息的相关性的影响。除此之外，当制造商或零售商的需求预测信息的准确性在提高时，不仅制造商或零售商本身可以获益，还会使对方受益，并且这种获益会随着市场不确定性增大而增大；制造商和零售商预测信息的相关性的增强会使得供应链成员的利润减少。这个结论说明，供应链成员应该尽量提高自己预测信息的准确性，尤其是在高度不确定性的市场。

关于供应链中均衡的信息分享策略，研究发现：（1）在制造商直接回收的闭环供应链中，当制造商的回收成本系数较小时，零售商分享需求信息会使供应链成员都受益，因此，在没有激励机制的情况下，零售商分享需求信息是一个唯一的均衡；当制造商的回收成本系数处于中间水平时，零售商分享需求信息会使其利润减少，但是会使整个供应链的利润增加，此时，通过一个讨价还价机制，即制造商和零售商对信息分享后的供应链利润通过讨价还价的方式进行重分配，可以促使零售商分享其需求信息；当制造商的回收成本系数较大时，零售商信息分享会使零售商和整个供应链的利润都减少，此时，零售商信息不分享是一个唯一的均衡。（2）在制造商依赖零售商回收的闭环供应链中，当零售商的回收成本系数较小时，零售商自愿分享需求信息是一个均衡；当制造商的回收成本系数较大时，信息不分享是一个唯一的均衡。在两种回收模式中，政府奖惩机制的影响在于：当政府的奖惩力度较大时，信息不分享是一个唯一的均衡；当政府的奖惩力度较小时，供应链中信息分享和信息不分享都有可能是均衡，具体地需要取决于回收成本系数的大小。这说明政府制定较小的回收奖惩力度有可能促使供应链中的需求信息分享。

第7章　结论及进一步研究方向

7.1　结论及其管理启示

闭环供应链通过对废旧产品进行回收再制造，可以实现资源的循环利用，从而有利于循环经济的形成，有助于人类社会的可持续发展。然而，闭环供应链成员的回收成本信息以及对不确定市场进行预测的需求信息常常是其私有的、不对称的。这些不对称的信息会降低闭环供应链的绩效，会降低废旧产品的回收和再利用率，最终会危及到人类的可持续发展。因此，本书分别从回收成本信息不对称的角度研究了闭环供应链中的最优合同设计问题和从需求预测信息不对称的角度研究了闭环供应链中的信息分享问题，并综合考虑了政府奖惩机制的影响。论文主要结论如下：

第3章针对制造商依赖零售商回收的闭环供应链，研究当零售商的回收成本信息是不对称时，制造商的最优激励合同设计问题。该章考察了两部定价合同和控制回收率合同，分别求得了每种合同下的均衡结果，并分析了每种合同下零售商回收效率对均衡结果的影响，还分析了不对称的回收成本信息对整个闭环供应链的影响，最后对两种合同进行了对比分析。研究结果表明，制造商在设计两部定价合同菜单时，应该使批发价随着零售商回收效率的增加而减少，转移支付随着零售商回收效率的增加而增加。制造商在设计控制回收率合同菜单时，应该使批发价随着零售商回收效率的增加而减少，转移支付和回收率随着零售商回收效率的增加而增加。此外，在每一种合同下，制造商和零售商的利润都会随着零售商回收效率的增加而增加。另外，相比于对称信息情形，信息不对称会降低废旧产品的回收率，因此会增加环境的负担；信息不对称还会降低制造商和整个供应链的利润，但是会增加零售商的利润。关于两种合同对闭环供应链的协调效果，研究表明，两部定价合同不能协调信息对称情形下的闭环供应链，而该章设计的控制回收率合同则可以。此外，两种合同都不能协调信息不对称情形下的闭环供应链，但是通过数值算例发现，两部定价合同菜单可以近似消除信息不对称产生的影响，而该章设计的控制回收率合同菜单则可以近似协调这个供应链。此外，通过算例还发现，相比于两部定价合同菜单，控制回收率合同菜单可以使制造商和零售商获得更高的利润。

第 4 章针对零售商占主导且制造商自己回收的闭环供应链，研究当制造商的回收成本信息是不对称时，零售商的最优激励合同设计问题。该章主要考察了两部定价合同，求得了该合同在信息对称和不对称情形下的最优形式，并分析了制造商回收效率对两部定价合同以及其他均衡结果的影响，还分析了不对称的回收成本信息对均衡结果的影响。研究结果表明，两部定价合同可以协调信息对称情形下的闭环供应链；在信息不对称情形下，两部定价合同菜单只有当制造商的回收效率为一个特定值时可以协调这个闭环供应链，其他情况则不行。在信息不对称情形下，零售商设计两部定价合同菜单时，应该使边际收益随着制造商回收效率的减少而增加，转移支付随着制造商回收效率的减少而减少。进而使得零售价（回收率）随着制造商回收效率的减少而不断增加（减少），最终使得供应链成员的利润随着制造商回收效率的减少而不断减少。与信息对称情形相比，信息不对称会使零售商提高边际收益，制造商降低回收率；信息不对称还会增加制造商的利润、降低零售商的利润和减少制造商和零售商间的交易机会。

在上述两章的研究基础上，第 5 章考虑了政府奖惩机制，研究了上述两种闭环供应链模型中回收成本信息不对称时的最优激励合同设计问题。分别求得了政府奖惩机制下每一种模型中两部定价合同的最优形式以及相应的均衡结果，并重点分析了政府奖惩机制对每一种模型下的两部定价合同以及其他的均衡结果的影响。研究结果表明，即使存在政府奖惩机制，不对称的回收成本系数对最优两部定价合同以及其他均衡结果的影响与无政府奖惩机制情形下的类似。另外，政府奖惩机制对最优激励合同设计的影响表现为：在制造商依赖零售商回收模型中，政府奖惩机制的出台会使制造商在设计合同时降低批发价；而在制造商直接回收模型中，政府奖惩机制的出台会使零售商提高边际收益；在两种模型中，政府奖惩机制的出台都会使两部定价合同中的转移支付提高。并且，随着政府奖惩力度的增加，批发价降低的越来越多，边际收益和转移支付提高的越来越多。此外，政府奖惩机制对废旧产品回收率的影响表现为：在两种模型中，政府奖惩机制的出台都会提高废旧产品的回收率和再利用率，并且，随着政府奖惩力度的增加，回收率和再利用率提高的越来越多。因此，政府奖惩机制的出台总是有利于环境保护和循环经济的形成，这也解释了越来越多政府出台回收法规的原因。政府奖惩机制对闭环供应链利润的影响表现如下：当政府制定的回收标准较高而奖惩力度较小时，政府奖惩机制的出台会使供应链利润减少；否则，政府奖惩机制的出台会使供应链利润增加，且随着奖惩力度的增加供应链利润增加的越来越多。

第 6 章在制造商直接回收的闭环供应链和制造商依赖零售商回收

的闭环供应链中继续考虑了政府的奖惩机制，同时研究制造商和零售商间的需求预测信息分享问题。分别求得了每一种回收模型中零售商信息分享和不分享情形下的均衡结果，探讨了需求预测信息的准确性对供应链成员事前利润的影响，并分析了信息分享对于供应链成员的价值，进而探讨了每种模型下均衡的信息分享策略。研究结论表明：在制造商直接回收的闭环供应链中，当制造商的回收成本系数较小时，供应链成员都能从零售商信息分享中获益，因此，零售商会自愿分享需求预测信息；当制造商的回收成本系数较大时，零售商信息分享虽然会使制造商获益，但是会使零售商和整个供应链的利润都减少，因此，零售商信息不分享是一个唯一的均衡；当制造商的回收成本系数处于中间水平时，零售商信息分享虽然会使其利润减少，但是会使整个供应链的利润增加，因此，该章设计了一个讨价还价机制，促使零售商分享其需求信息，进而可以实现帕累托改进，提高供应链绩效。类似地，在制造商依赖零售商回收的闭环供应链中，当零售商的回收成本系数较小时，无需激励机制零售商信息分享是一个均衡结果；反之，零售商信息不分享是一个唯一的均衡结果。此外，政府奖惩机制对信息分享策略的影响在于：当政府的奖惩力度较大时，信息不分享是一个唯一的均衡结果；当政府的奖惩力度较小时，零售商信息分享和信息不分享都有可能是均衡的结果，具体地需要取决于回收成本系数的大小。这说明，政府制定较小的回收奖惩力度有可能促使零售商分享其需求信息。另外，在大多数情况下，供应链成员的利润不仅受益于自己预测信息精度的提高，而且还会受益于对方预测信息精度的提高，并且这种获益会随着市场不确定性增大而增大。这个结论说明，供应链成员应该尽量提高自己预测信息的精度，尤其是在高度不确定性的市场。

7.2 进一步研究方向

本书可以在以下几个方面进行扩展：一是关于回收渠道。本书在回收成本信息不对称和需求预测信息不对称两种情形下，分别对制造商依赖零售商回收模型和制造商直接回收模型进行了研究。然而，现实中也有一些制造商，如美国的三大汽车生产商（Savaskan et al.，2004），会选择委托专业的第三方回收公司对其废旧产品进行回收。因此，后续可以在这种制造商依赖第三方企业回收的闭环供应链中，探讨回收成本信息不对称情形下的激励合同设计和需求预测信息不对称情形下的信息分享策略。

二是关于新产品和再制造产品的差异。尽管本书沿用萨瓦斯坎等（2004）与萨瓦斯坎和瓦森霍夫（2006）的假设——新产品与再制造产品之间没有差异（归因于再制造技术的日渐发达），但是再制造产品与新产品之间有差异的情况还是存在的。因此，将新产品和再制造产品拓展到有差异情形时，对存在回收成本信息和需求预测信息不对称的闭环供应链进行研究也是具有现实意义的。

三是关于信息甄别合同的选择。本书在信息甄别模型中主要使用了两部定价合同菜单和控制回收率合同菜单。然而，数量折扣合同和收益共享合同等也是供应链中常用的合同。因此，在使用信息甄别模型解决回收成本信息不对称导致的逆向选择问题时，还可以考虑使用数量折扣合同菜单和收益共享合同菜单，并对这些合同菜单进行对比分析以探究最优的合同菜单形式。

四是关于闭环供应链结构。本书第 6 章主要在一个制造商和一个零售商组成的闭环供应链中研究需求预测信息分享问题。值得注意的是，在回收再制造行业，还存在着具有竞争制造商的闭环供应链、具有竞争零售商的闭环供应链以及闭环供应链中链与链竞争的情形。因此，可以在不同结构的闭环供应链中研究需求预测信息的垂直分享和水平分享问题。

参考文献

［1］曹柬、胡强、楼婷渊等:《基于随机需求与回收的逆向供应链奖惩机制》，载《计算机集成制造系统》2012 年第 3 期。

［2］曹柬、胡强、吴晓波等:《基于 EPR 制度的政府与制造商激励契约设计》，载《系统工程理论与实践》2013 年第 3 期。

［3］陈金亮、宋华、徐渝:《不对称信息下具有需求预测更新的供应链合同协调研究》，载《中国管理科学》2010 年第 1 期。

［4］陈军、田大钢:《闭环供应链模型下的产品回收模式选择》，载《中国管理科学》2017 年第 1 期。

［5］陈忠、艾兴政:《双渠道信息共享与收益分享合同选择》，载《系统工程理论与实践》2008 年第 12 期。

［6］丁平、付超、肖明等:《基于不对称需求信息的供应链最小订购量决策》，载《中国管理科学》2015 年第 6 期。

［7］付小勇、朱庆华、赵铁林:《基于逆向供应链间回收价格竞争的回收渠道选择策略》，载《中国管理科学》2014 年第 10 期。

［8］顾巧论、陈秋双:《不完全信息下逆向供应链中制造商的最优合同》，载《计算机集成制造系统》2007 年第 3 期。

［9］韩小花、薛声家:《不对称信息下闭环供应链的合作机制分析》，载《计算机集成制造系统》2008 年第 4 期。

［10］黄河、申笑宇、徐鸿雁:《考虑供应商流程改进的采购合同设计》，载《管理科学学报》2015 年第 10 期。

［11］李新然、蔡海珠、牟宗玉：《政府奖惩下不同权力结构闭环供应链的决策研究》，载《科研管理》2014 年第 8 期。

［12］李新然、何琦、牟宗玉：《差别定价闭环供应链协调应对生产成本扰动研究》，载《中国管理科学》2015 年第 10 期。

［13］李新然、吴义彪：《以旧换再补贴对双渠道销售闭环供应链的影响》，载《科研管理》2015 年第 9 期。

［14］刘克宁、宋华明：《不对称信息下创新产品研发外包的甄别契约设计》，载《中国管理科学》2014 年第 10 期。

［15］马飞、杨华、孙宝凤：《制造商的最优合同设计——基于不对称信息条件下的闭环供应链系统》，载《吉林大学社会科学学报》2009 年第 1 期。

［16］马祖军、胡书、代颖：《政府规制下混合渠道销售/回收的电器电子产品闭环供应链决策》，载《中国管理科学》2016 年第 1 期。

［17］聂佳佳：《存在强势零售商的回收再制造闭环供应链模型》，载《预测》2011 年第 5 期。

［18］聂佳佳：《零售商信息分享对闭环供应链回收模式的影响》，载《管理科学学报》2013 年第 5 期。

［19］聂佳佳：《需求信息预测对制造商回收再制造策略的价值》，载《管理科学学报》2014 年第 1 期。

［20］聂佳佳：《预测信息分享对制造商开通直销渠道的影响》，载《管理工程学报》2012 年第 2 期。

［21］聂佳佳、王拓、赵映雪等：《碳排放约束下再制造闭环供应链回收策略》，载《管理工程学报》2015 年第 3 期。

［22］聂佳佳、熊中楷：《信息分享模式对第三方负责回收闭环供应链的影响》，载《管理工程学报》2011 年第 2 期。

［23］彭鸿广、骆建文：《不对称信息下供应链成本分担激励契约设计》，载《系统管理学报》2015 年第 2 期。

［24］申成然、熊中楷：《碳排放约束下制造商再制造决策研究》，载《系统工程学报》2014 年第 4 期。

［25］申成然、熊中楷、孟卫军：《考虑专利保护的闭环供应链再制造模式》，载《系统管理学报》2015 年第 1 期。

［26］申成然、熊中楷、彭志强：《专利保护与政府补贴下再制造闭环供应链的决策和协调》，载《管理工程学报》2013 年第 3 期。

［27］孙浩、达庆利：《基于不同权力结构的废旧产品回收再制造决策分析》，载《中国管理科学》2009 年第 5 期。

［28］滕文波、庄贵军：《基于电子渠道需求预测的渠道模式选择》，载《中国管理科学》2011 年第 5 期。

［29］王文宾、达庆利：《奖惩机制下电子类产品制造商回收再制造决策模型》，载《中国管理科学》2008 年第 5 期。

［30］王文宾、达庆利：《奖惩机制下具竞争制造商的废旧产品回收决策模型》，载《中国管理科学》2013 年第 5 期。

［31］王文宾、达庆利：《考虑政府引导的电子类产品逆向供应链奖惩机制设计》，载《中国管理科学》2010 年第 2 期。

［32］王文宾、达庆利、孙浩：《再制造逆向供应链协调的奖励与奖惩机制设计》，载《中国管理科学》2009 年第 5 期。

［33］王文宾、邓雯雯：《逆向供应链的政府奖惩机制与税收—补贴机制比较研究》，载《中国管理科学》2016 年第 4 期。

［34］王先甲、肖露、关旭：《非对称供应成本信息下装配系统定价与供货策略研究》，载《系统工程理论与实践》2015 年第 7 期。

［35］王新辉等：《双边信息不对称的供应链契约机制效率：基于实验研究》，载《管理工程学报》2016 年第 4 期。

［36］吴忠和、陈宏、赵千：《非对称信息下闭环供应链回购契约应对突发事件策略研究》，载《中国管理科学》2013 年第 6 期。

［37］肖群、马士华：《促销努力成本信息不对称下供应链回购契

约》，载《运筹与管理》2015 年第 3 期。

［38］肖群、马士华：《基于信息共享的供应商协同产品设计机制》，载《系统工程》2015 年第 6 期。

［39］谢文明、江志斌、储熠冰等：《需求信息不对称下存在直销模式的产能管理研究》，载《管理工程学报》2016 年第 1 期。

［40］熊中楷等著：《闭环供应链协调》，科学出版社 2014 年版。

［41］熊中楷、申成然、彭志强：《专利保护下再制造闭环供应链协调机制研究》，载《管理科学学报》2011 年第 6 期。

［42］熊中楷、王凯、熊榆：《经销商从事再制造的闭环供应链模式研究》，载《管理科学学报》2011 年第 11 期。

［43］熊中楷、王凯、熊榆：《制造商作为再制造商的经销商的合作模式研究》，载《管理工程学报》2011 年第 3 期。

［44］徐红：《不同渠道和信息条件下闭环供应链的协调与激励研究》，江苏大学，2014 年。

［45］徐鸿雁、黄河、陈剑：《针对不同类型销售商的长期激励合同设计研究》，载《中国管理科学》2012 年第 6 期。

［46］徐晓燕、吴三平：《生产成本信息不对称的两级供应链协调研究》，载《系统工程学报》2009 年第 1 期。

［47］颜波、刘艳萍、李鸿媛：《成本信息不对称下零售商主导的混合渠道供应链决策分析》，载《中国管理科学》2015 年第 12 期。

［48］晏妮娜、黄小原：《基于第 3 方逆向物流的闭环供应链模型及应用》，载《管理科学学报》2008 年第 4 期。

［49］易余胤：《具竞争零售商的再制造闭环供应链模型研究》，载《管理科学学报》2009 年第 6 期。

［50］易余胤、陈月霄：《需求不确定条件下的闭环供应链模型》，载《计算机集成制造系统》2010 年第 7 期。

［51］余福茂、徐玉军：《零售商主导闭环供应链的奖惩机制研

究》，载《中国管理科学》2014 年第 1 期。

［52］张克勇、周国华：《不确定需求下闭环供应链定价模型研究》，载《管理学报》2009 年第 1 期。

［53］张盼：《政府奖惩下闭环供应链中需求预测信息分享研究》，载《中国管理科学》2019 年第 2 期。

［54］张盼、熊中楷：《政府奖惩下闭环供应链中回收成本信息不对称时的最优合同设计》，载《中国管理科学》2019 年，录用待发表。

［55］张盼、熊中楷：《制造商回收成本信息不对称下零售商激励合同设计》，载《管理工程学报》2019 年第 4 期。

［56］张维迎：《博弈论与信息经济学》，格致出版社 2012 年版。

［57］赵晓敏、林英晖、苏承明：《不同渠道权力结构下的 S—M 两级闭环供应链绩效分析》，载《中国管理科学》2012 年第 2 期。

［58］Atasu，A.，Sarvary，M.，Wassenhove，L. N. V.，"Remanufacturing as a Marketing Strategy"，*Management Science* 54（10），2008.

［59］Atasu，A.，Toktay，L. B.，Wassenhove，L. N .V.，"How Collection Cost Structure Drives a Manufacturer's Reverse Channel Choice"，*Production and Operations Management* 22（5），2013.

［60］Bian，W.，Shang，J.，Zhang，J.，"Two-way information sharing under supply chain competition"，*International Journal of Production Economics* 178，2016.

［61］Cao，E.，Ma，Y.，Wan C.，et al.，"Contracting with asymmetric cost information in a dual-channel supply chain"，*Operations Research Letters* 41（4），2013.

［62］Corbett，C. J.，Zhou，D.，Tang，C. S.，"Designing supply contracts：Contract type and information asymmetry"，*Management Science* 50（4），2004.

［63］Çakanyıldırım，M.，Feng，Q.，Gan，X.，et al.，"Contracting and coordination under asymmetric production cost information", *Production and Operations Management* 21 (2), 2012.

[64] Debo, L. G., Toktay, L. B., Wassenhove, L. N. V., "Market Segmentation and Product Technology Selection for Remanufacturable Products", *Management Science* 51 (8), 2005.

[65] Desiraju, R., Moorthy, S., "Managing a Distribution Channel under Asymmetric Information with Performance Requirements", *Management Science* 43 (12), 1997.

[66] Ferguson, M. E., Toktay, L. B., "The Effect of Competition on Recovery Strategies", *Production & Operations Management* 15 (15), 2006.

[67] Ferrer, G., Swaminathan, J. M., "Managing New and Remanufactured Products", *Management Science* 52 (1), 2006.

[68] Fudenberg, D., J. *Tirole. Game Theory* (Cambridge, UK: The MIT Press, 1991).

[69] Giovanni, P. D., Reddy, P. V., Zaccour, G., "Incentive strategies for an optimal recovery program in a closed-loop supply chain", *European Journal of Operational Research* 249 (2), 2016.

[70] Guide, V. D. R., Teunter, R. H., Van Wassenhove, L. N., "Matching Demand and Supply to Maximize Profits from Remanufacturing", *Manufacturing and Service Operations Management* 5 (4), 2003b.

[71] Guide, V. D. R., Van Wassenhove, L. N., "The Evolution of Closed – Loop Supply Chain Research", *Operations Research* 57 (1), 2009.

[72] Guide, V. D. R., Jayaraman, V. J. D., " Linton. Building Contingency Planning for Closed – Loop Supply Chains with Product Recovery", *Journal of Operations Management* 21, 2003.

[73] Ha, A. Y., "Supplier-buyer contracting: Asymmetric cost information and cut off level policy for buyer participation", *Naval Research Logistics* 48 (1), 2001.

[74] Ha, A. Y., Tong, S., "Contracting and Information Sharing Under Supply Chain Competition", *Management Science* 54 (4), 2008.

[75] Ha, A. Y., Tong, S., Zhang, H., "Sharing Demand Information in Competing Supply Chains with Production Diseconomies", *Management Science* 57 (3), 2011.

[76] Han, X., Wu, H., Yang, Q., et al., "Collection channel and production decisions in a closed-loop supply chain with remanufacturing cost disruption", *International Journal of Production Research* 55 (4), 2017.

[77] He, Y., "Acquisition pricing and remanufacturing decisions in a closed-loop supply chain", *International Journal of Production Economics* 163, 2015.

[78] Hong, X., Xu, L., Du, P., et al., "Joint advertising, pricing and collection decisions in a closed-loop supply chain", *International Journal of Production Economics* 167, 2015.

[79] Huang, Y. S., Hung, J. S., Ho, J. W., "A study on information sharing for supply chains with multiple suppliers", *Computers and Industrial Engineering* 104, 2017.

[80] Jacobs, B. W., Subramanian, R., "Sharing Responsibility for Product Recovery Across the Supply Chain", *Production and Operations Management* 21 (1), 2012.

[81] Jiang, B., Tian, L., Xu, Y., et al., "To Share or Not to Share: Demand Forecast Sharing in a Distribution Channel", *Marketing Science* 35 (5), 2016.

[82] Kamien, M. I., Schwartz, N. L., *Dynamic optimization: the calculus of variations and optimal control in economics and management* (Massachusetts, US: Courier Corporation, 2012).

[83] Ketzenberg, M. E., Laan, E., Teunter, R. H., "Value of information in closed loop supply chains", *Production and Operations Management* 15 (3), 2006.

[84] Kurtuluş, M., Ülkü, S., Toktay, B. L., "The value of collaborative forecasting in supply chains", *Manufacturing and Service Operations Management* 14 (1), 2012.

[85] Lau, A. H. L., Lau, H. S., Wang, J. C., "Pricing and volume discounting for a dominant retailer with uncertain manufacturing cost information", *European Journal of Operational Research* 183 (2), 2007.

[86] Lei, M., Liu, H., Deng, H., et al., "Demand information sharing and channel choice in a dual-channel supply chain with multiple retailers", *International Journal of Production Research* 55 (22), 2014.

[87] Li, L., "Information Sharing in a Supply Chain with Horizontal Competition", *Management Science* 48 (9), 2002.

[88] Li, T., Zhang, H., "Information sharing in a supply chain with a make-to-stock manufacturer", *Omega* 50, 2015.

[89] Li, X., Li, Y., Govindan, K., "An incentive model for closed-loop supply chain under the EPR law", *Journal of the Operational Research Society* 65 (1), 2014.

[90] Ma, W. M., Zhao, Z., Ke, H., "Dual-channel closed-loop supply chain with government consumption-subsidy", *European Journal of Operational Research* 226 (2), 2013, pp. 221 - 227.

[91] Ma, Z., Zhang, N., Dai, Y., et al., "Managing channel profits of different cooperative models in closed-loop supply chains", *Omega*

59, 2016.

[92] Mishra, B. K., Raghunathan, S., Yue, X., "Demand forecast sharing in supply chains", *Production and Operations Management* 18 (2), 2009.

[93] Mukhopadhyay, S. K., Su, X., Ghose, S., "Motivating Retail Marketing Effort: Optimal Contract Design", *Production and Operations Management* 18 (2), 2009.

[94] Mukhopadhyay, S. K., Zhu, X., Yue, X., "Optimal Contract Design for Mixed Channels Under Information Asymmetry", *Production and Operations Management* 17 (6), 2008.

[95] Nagarajan, M., Bassok, Y., "A bargaining framework in supply chains: The assembly problem", *Management Science* 54 (8), 2008.

[96] Pan Zhang, Yu Xiong, Zhongkai Xiong, Wei Yan. Designing contracts for a closed-loop supply chain under information asymmetry [J]. *Operations Research Letters*, 2014, 42 (2): 150 - 155.

[97] Raju, J. S., Roy, A., "Market Information and Firm Performance", *Management Science* 46 (8), 2000.

[98] Saha, S., Sarmah, S. P., Moon, I., "Dual channel closed-loop supply chain coordination with a reward-driven remanufacturing policy", *International Journal of Production Research* 54 (5), 2016.

[99] Savaskan, R. C., Bhattacharya, S., Van Wassenhove, L. N., "Closed - Loop Supply Chain Models with Product Remanufacturing", *Management Science* 50 (2), 2004.

[100] Savaskan, R. C., Wassenhove, L. N. V., "Reverse Channel Design: The Case of Competing Retailers", *Management Science* 52 (1), 2006.

[101] Shang, W., Ha, A. Y., Tong, S., "Information sharing in a supply chain with a common retailer", Management Science 62 (1), 2016.

[102] Wang, J. C., Lau, H. S., Lau, A. H. L., "When should a manufacturer share truthful manufacturing cost information with a dominant retailer?", *European Journal of Operational Research* 197 (1), 2009.

[103] Webster, S., Mitra, S., "Competitive strategy in remanufacturing and the impact of take-back laws", *Journal of Operations Management* 25 (6), 2007.

[104] Wei, J., Govindan, K., Li, Y., et al., "Pricing and collecting decisions in a closed-loop supply chain with symmetric and asymmetric information", *Computers and Operations Research* 54, 2015.

[105] Wei, J., Zhao, J., "Pricing and remanufacturing decisions in two competing supply chains", *International Journal of Production Research* 53 (1), 2015.

[106] Wu, C. H., "Price and service competition between new and remanufactured products in a two-echelon supply chain", *International Journal of Production Economics* 140 (1), 2012.

[107] Wu, X., Zhou, Y., "Does the Entry of Third – Party Remanufacturers Always Hurt Original Equipment Manufacturers?", *Decision Sciences* 47 (4), 2016.

[108] Wu, X., Zhou, Y., "The optimal reverse channel choice under supply chain competition", *European Journal of Operational Research* 259 (1), 2017.

[109] Xie, W., Jiang, Z., Zhao, Y., et al., "Contract design for cooperative product service system with information asymmetry", *International Journal of Production Research* 52 (6), 2014.

[110] Xiong, Y., Zhao, Q., Zhou, Y., "Manufacturer-remanufacturing vs supplier-remanufacturing in a closed-loop supply chain", *International Journal of Production Economics* 176, 2016.

[111] Xiong, Y., Zhou, Y., Li, G., et al., "Don't forget your supplier when remanufacturing", *European Journal of Operational Research* 230 (1), 2013.

[112] Xu, H., Shi, N., Ma, S., et al., "Contracting with an urgent supplier under cost information asymmetry", *European Journal of Operational Research* 206 (2), 2010.

[113] Yan, R., Cao, Z., Pei, Z., "Manufacturer's cooperative advertising, demand uncertainty, and information sharing", *Journal of Business Research* 68 (12), 2016.

[114] Yan, R., Pei, Z., "Incentive information sharing in various market structures", *Decision Support Systems* 76, 2015.

[115] Yao, D. Q., Yue, X., Liu, J., "Vertical cost information sharing in a supply chain with value-adding retailers", *Omega* 36 (5), 2008.

[116] Yoo, S. H., Kim, D. S., Park, M. S., "Pricing and return policy under various supply contracts in a closed-loop supply chain", *International Journal of Production Research* 53 (1), 2015.

[117] Yue, X., Liu, J., "Demand forecast sharing in a dual-channel supply chain", *European Journal of Operational Research* 174 (1), 2006.

[118] Yu Zhou, Yu Xiong, Gendao Li, et al., "The bright side of manufacturing-remanufacturing conflict in a decentralised closed-loop supply chain", *International Journal of Production Research* 51 (9), 2013.

[119] Zhao, J., "Pricing and remanufacturing decisions in two com-

peting supply chains", *International Journal of Production Research* 53 (1), 2015.

[120] Zhou, M., Dan, B., Ma, S., et al., "Supply Chain Coordination with Information Sharing: The Informational Advantage of GPOs", *European Journal of Operational Research* 256 (3), 2017.

后　记

本书是在丰富的前期研究基础上，经过系统思考精心撰写而成。本书的适用面较为广泛，其从信息不对称的角度对闭环供应链进行了系统研究，得出了一些有价值的结论。这些结论可以为政府和企业进行相关决策提供参考和借鉴。本书详细论述了不同建模方法和思想，可以作为科研人员的学习资料，也可以用于启发科研人员的灵感。本书的研究属于供应链管理的前沿热点，也可以作为本科生拓展知识的辅助资料。

本书的研究和出版，首先要感谢我的博士指导老师熊中楷教授对我悉心的培养和引导；其次，我要感谢我的爱人孙兴在我撰写过程中给予的不懈支持；最后，感谢国家自然科学基金地区项目(71961019) 的资助。

张　盼

2020 年 6 月